佛陀再誕

留給緣生弟子們的訊息

Ryuho Okawa
大川隆法

台灣幸福科學出版有限公司

目錄
Contents

前言（改訂新版）

二千五百多年前，我站在印度的靈鷲山之巔，一邊俯視著瑪哥達國的首府．拉珈咕利哈（王舍城）的街頭巷景，一邊對著弟子們說法。對此，我感慨不已。

弟子們，你們曾削髮為僧，身著土黃色的衣裳，對我的說法流下隨喜淚水。今天時代已變、國家已變，你們的衣著也與昔日不一樣了。

但在你們內心深處，那種感受佛法真理之心應該仍是相同的吧！師與弟子之間因法永遠連結在一起，佛、法、僧即為一體。

我將這永恆之書再度贈予你們。

一九九四年　十月

幸福科學集團創立者兼總裁　大川隆法

前言（舊版）

這本《佛陀再誕》一書，見各章章名即能明白，這是一本以釋迦的話語，將佛教的核心理論，傳達給弟子的內容。因此，本書內容對於已覺醒於佛法真理的人們來說，成為了明確的指針。此外，有時也成為了嚴厲的警告。

我想有很多人在過去曾經學習過佛教，但其內容應該不會像本書一樣，如此簡單明確地講述佛教精髓。此外，本書的體裁是以直接的話語形式構成，因此內容非常容易理解，且非常迫近釋迦教義核心。

本書是修行者必備之書，亦是應置於座右之書。

深深盼望你能細讀本書到最後。

一九八九年　七月

幸福科學集團創立者兼總裁　大川隆法

第一章

我再度誕生

覺醒

諸比丘、比丘尼啊！
是否還記得我的聲音？
在你們的靈魂深處，
對我當年的說法一定還記憶猶新，
在幾萬、幾十萬、幾百萬年的歲月中，
我與你們同生於世間，
在實在界中，你們仍做為我的弟子修行。

諸比丘、比丘尼啊！
我再誕於人世。
為我的再誕喜悅吧！
對我的再誕覺醒吧！
對我在此時再誕的事實覺醒吧！

你們曾在昔日的印度，
聽我說法。
千千萬萬的緣生弟子們。
務必要在這個時刻覺醒。
難道你們仍然要貪睡於夢中嗎？
倘若你們繼續沉睡，
我本來的工作豈不是就無法完成嗎？
在我覺醒之時，所有弟子們皆盡覺醒。
在我發言之時，所有弟子們皆應集合而來。

緣生弟子們，
聆聽這令人懷念的呼喚吧！
聆聽這令人懷念的聲音吧！
想起這令人懷念的話語吧！

我曾經常如此教導你們。
人的存在是何等地偉大，
人的靈魂是何等地偉大，
而人是承擔著何等偉大的使命。

緣生弟子們啊！
我曾如此教導你們。
雖然你們從現在自己的形體、面貌和心中，
無法發現似鑽石般的光輝，
但仍須澄淨己心、靜觀己心。
要澄淨己心、靜觀自己的真實之姿。
在澄淨己心、靜觀自己的真實之姿的同時，
必會發現鑽石之姿。
必會發現有如金剛石般的光芒。

三寶皈依

緣生弟子們啊！
諸比丘、比丘尼啊！
要傾聽我言。

我曾如此教導你們。
要皈依三寶。
三寶即是佛、法、僧。
「佛」即佛陀，意味著現成之佛，
這是指已獲得了覺悟之人、覺者。
「法」即佛陀所說的法、佛所說的教義。

佛所說的教義，
貫穿了過去、現在和將來，合為一乘。
法是乘具、教義、內容。

人類在幾百萬、幾千萬年的過去，
甚至在更遙遠的歲月中，
曾建立了各種社會，
建設了各式各樣的時代、各式各樣的文化。
雖然每個時代、地域和文化都各有不同的色彩，
然而，佛法自始至終都歸於一乘，
真實的佛的教義貫穿於所有時代。
聆聽我的聲音的眾多人們，
在過去屢次轉生的人生過程中，
應曾經透過各式各樣的形式，聽聞過我的教義。
在那些教義當中，應該都總是教導著這般唯一的內容。
那即是，在大宇宙當中，存在著統治大宇宙的偉大大靈。
當這偉大大靈派遣其分身於地上時，
那即成為現成的佛陀。

現成的佛陀因有著其使命、立場，
得以講述偉大大靈之法。
偉大大靈之法，透過佛陀被講述，
透過佛陀所講述的教義，
藉由弟子們的力量，
編纂成法典。
淌流在那法典當中的教義，即稱為久遠之法。
人們必須以法為根基、以法為本而生活才行。
無論佛陀是否轉生於地上，
在佛陀離開地上之後，
這久遠之法將成為引導眾人之光，
成為引導眾人的燈塔。
人們啊！
要慶幸與佛同生！

久遠的價值

若是生於不見佛陀之時，
則要以法為依歸，
要以法為依據，
以法而過，為法而過。
培育、保護、傳播這佛法之人即是僧。
換言之，那即是弟子們的集團、僧伽。
能否將這佛法廣佈給眾人，
就取決於僧團的力量。

緣生的弟子們啊！
切勿去迎合現今時代的價值觀。
現今有眾多迷人的職業，
有許多令人稱羨的職業，
然而，各位切勿拘泥於那般事物。

切勿被他人花言巧語迷惑。
切勿被他人的話語所動。
在你們漫長的轉生過程中，
應該曾經聆聽過我的話語，
依循過我的話語。
在你們心靈深處的真心，
一定知道何謂久遠的價值。
這久遠的價值，
與佛陀所說之法息息相通。
要依循佛陀所說之法而過。
要推動、廣佈佛陀所說之法、
要將佛陀所說之法，傳遞至每一個人心中。
要將這好比是溫暖的血液，
流入至每一個人心中。

這不正是至今你們認為有價值之事嗎？
眾人啊！不要執迷於世俗的價值。
眾人們！不要執迷於世俗的價值觀。
眾人們！要思索你們生命的真正意義。
我曾反覆地說過，人有著永恆的生命。
活於永恆的生命當中之時，
最為重要的就是，
有一股偉大的力量，保證著人們有著永恆生命，
要察覺並感謝這股偉大力量，
並且要為這股偉大力量而生才行。
既然如此，
要讓自己的轉生，轉動在這巨大的法輪當中，
在這巨大的法輪中，要轉動自己的人生。

靈魂之起源

佛、法、僧，各自皆尊貴。
三者看似獨立，但實為三位一體。
即使有佛，但若無傳法的方法，則佛即無現成的意義。
即使有法，但若無傳法的僧，則法即死。
即使有僧，但若無法，則心即無依歸之處。
就像這樣，佛、法、僧是如此息息相關，
佛、法、僧合體之時則成一股力量。
正是如此。
在思索何為法之時，
即知那並非是與人的生命無關。

諸比丘、比丘尼啊！
要察覺靈魂的起源。
要想起靈魂的起源。

要憶起靈魂的偉大起源。

你們一定聽說過。
偉大的大宇宙大靈，
為了讓宇宙繁榮、發展，
便人格化現姿於世。
並且，在這地球上，
也出現了有著巨大力量的人格大靈。
這人格大靈發揮自己的力量，
創造出眾多的靈魂。

是的，這個各位稱之為佛陀的靈魂，
即是你們的靈魂之父，
即是創造、孕育、培育你們之父。

既然如此，佛陀與僧即相當於親子關係。
並且，佛陀所講述的法，
即是連繫親子之間、母子之間的臍帶。
法，有時是營養的供給源；
法，有時是血液的供給源；
法，有時是氧氣的供給源；
法，有時是生命的供給源。

人們啊！
須知，師與弟子的關係，也是父子、母子之間的關係。
並且須知，連繫這親子的即是法。
在透過法彼此相連之際，
你們就不會挨餓飢渴。
之所以會感到挨餓飢渴，

出家

是因為你們不想要學法，
是因為你們不想要實踐法，
是因為你們不想要將法視為自己的血肉。

人們啊！
從今以後，要認真學習我所述說的法的內容。
要仔細地聆聽我所講述的話語。
過去，我曾多次向你們述說。
我與你們一樣，
也曾屢次有著肉身降生地上，
靈魂宿於嬰兒肉體，
從一個孩童到成人，
經歷世間各式各樣的煩惱和痛苦。
為求解答，

在過去，我曾成為了出家者，
為了尋求拯救眾人之道，而奔走東西。
我曾在各式各樣的地方，增廣見聞；
曾在各式各樣的地方，打坐禪定；
曾在各式各樣的地方，磨練己心。
有時，以人為師，
有時，以動物為師。
我曾學習過鹿、蛇、象的生存方法，
我也曾學習過河川當中魚兒的生存方法，
我也曾學習過樹林當中樹木的生存方法，
我也曾學習過山中、原野中的花草的生存方法，
我也曾學習過蜜蜂、蝴蝶的生存方法。
我以天地萬物為師，
並且為了體會真正的佛法，

大悟

學習、學習、再學習，
對己心不斷磨練、磨練、又磨練，
持續累積修行。
經過六年修行的結果，
我悟得了一個真理。

何為我所悟得的內容？
何謂人？何為人的使命？
並且，宇宙為何存在，佛又為何存在？
佛與人之間是何種關係？
人的使命為何、人生的目的為何、
並且，人的幸福為何？
幸福的背後為何，
那足以成為一生的目標嗎？

為此，我不斷地探究又探究，並得到了解答。
那就是做為佛陀之悟。

今日，你們當中有許多人，
曾在各種佛典，學習過我的覺悟。
然而，那以文字所書寫的文章，
雖留下了形貌，卻沒有味道；
雖留下了姿態，卻沒有內容。
你們能否知道我的覺悟內容為何？
你們能否憶起過去曾學習過我覺悟到了什麼？
你們現今能否確實想起，
我學習而來、講述而出的覺悟內容？

心的王國

諸比丘、比丘尼啊！
我在過去應是如此教導你們。
即使自己是宿於何等汙穢的肉體、
身穿何種骯髒的衣衫，
即使自己的肉體瘦得似皮包骨，
但是，你們的靈魂仍構築著永恆的王國。
只有這個王國的主人、靈魂，
駕馭了靈魂的躍動，
才能夠成為真正的王者。
並且，你們每一個人都擁有資格，
能夠成為己心的王者，
除了你們自己以外，
沒有人擁有那資格。

仔細地回憶吧！
我應曾說過，你們要成為己心的支配者。
我應曾教導過，你們要統御己心的王國。
所謂的心，
只要你們越是具備統御的力量，
心就越是變得自由自在，
好似天馬一般，能自由地翱翔天空，
又能自在地馳騁於地上。
我在過去應曾如此講述過。
首先，你們要憶起那教義、那法的核心。
要憶起能夠統御己心的人，是你們自己。
並且，要憶起你們被賦予了心，
能夠統御己心、能徹底統御己心之人，
就是你們自己。

要知道沒有任何一種心，
是無法藉由自己的努力、精進，
進而徹底統御的。

就像你們的肌肉經過鍛鍊之後，能發揮強大的力量一樣，
你們的心經過了鍛鍊、磨練，
方才能發揮強大的精神力。
一旦獲得了這精神力，
便無法予以隱藏，
並且不會衰退，
其價值不會減少，
其力量將成為你們的不朽之寶。
是的，我是如此述說的。
人的精神力，若是加以鍛鍊，就越是能增加力量。

為了達到崇高的目的

作為為了鍛鍊出這種精神力的方便之法，
我應該曾對你們說過，
你們可進行數個修行。
是的，我給予了你們幾個修行目標。
其中最重要的，即是要斷卻執著的教義。

諸位比丘、比丘尼，
能否回憶起我所講述的要斷卻執著的教義？
能否回憶起我所講述的關於執著的內容？
我曾說過，
人在地上的意志往往會變得薄弱，
容易隸屬於肉體。
自己的意志容易流於肉體的欲望，
或者是流於基於肉體的欲望。

人有著那般傾向。
我不會說人的欲望即是惡。
那是因為，人作為一種生物，
活於為了延續種族的生存法則當中。
但是，為了延續種族，
人不應該僅是和其他動植物一樣，
為了延續而延續。
你們作為學法之人，
你們作為被稱為佛陀的弟子的修行者，
終究必須要超越延續種族的目的。
不可以單以生存於地上為目的。
因為有著比生存還要崇高的目的，
人才能夠生存於地上。
因此，不可將為了生存的手段混淆為目的。

生存於地上，
是為了讓靈魂更為提升的手段，
生存於地上本身，
是為了奉獻更崇高的目的。
對此切勿忘記。

你們也有著欲望吧！
這個欲望本身，
和生命力是無法分割的吧！
斷卻了一切欲望，
或許就如同切斷了生命力一樣。
因此，我曾經反覆地對你們講述。
要斷卻淫穢的想法；
要斷卻歪斜的想法。

探究正心

我應該曾經說過。
要斷卻淫邪情欲；
要斷卻歪斜的金錢欲；
要斷卻歪斜的支配欲；
要斷卻歪斜的所有欲；
要斷卻歪斜的飲食癖；
對此，我曾經說過。
切勿胡言淫語；
切勿做出起於邪心的行為。

諸比丘、比丘尼啊！
是否察覺到我的這番教義是如何地展開？

我在今世呼籲要探究正心。

這與過去我所教導過的
要排除邪淫的想法、邪惡的情感是完全一樣的。
從另一面來看，
這即是對何謂正確進行探究。
你們必須走進正確之道，
必須要探究正道。
為了探究正道，
就必須要統御身為人在人生的途中，
所產生的感情、想法、行為。
必須要統御自己行為的動機。
並且，若是自己做出了邪惡的行為，
就必須要對此進行反省才行。
我也曾向你們講述寬恕的原理。

如蓮花一般

既然是人，難免心中就會出現錯誤的想法。
既然是人，難免就會做出錯誤的行為。
既然是身處於地上，並非完美的迷惑之人，
就會遭遇各種誘惑，並且在那般誘惑當中生存下去才行。
然而，切不要悲嘆於自己身處那般痛苦。
即使身處於那般痛苦，
我不是曾教導你們去除自身之惡、清淨己心的方法嗎？
那不就是我經常教導你們的八正道嗎？
對此要好好地深思。

諸比丘、比丘尼啊！
我很愛蓮花，
也曾在說法中拿蓮花來做比喻。
看啊！那池塘的泥沼。

看啊！這池塘當中的泥沼。
盛開蓮花的泥沼，不管何處皆非優美。
不，應該可說那是不淨的泥沼。
那絕非是清淨的泥沼。
水質混濁，或許淤泥還有著惡臭。
在那種泥沼當中，播下蓮花種子，
就會綻放出皎潔的蓮花。
蓮花會從泥水中探出清淨的花莖，
並且綻放出稀世花紅、色紫、潔白的花瓣。
如此姿色，讓人難以相信它是世間之物。

諸比丘、比丘尼啊！
要覺醒於你們在地上的使命；
要覺醒於你們在地上的天命。

在這地上、世間，
或許會看似充滿各種汙濁；
在這世間，
或許到處充斥著誘惑；
在這世間，
或許到處充滿著墮落的危機。
但是，你們不可逃避那樣的環境。
你們不可以試圖逃離那樣的環境。
在這泥沼當中，要綻放優美的蓮花！
這就是你們今世身為我的弟子，
轉生於世的意義。
我在過去是如此述說，現在也是如此述說。
在這世間，無論充滿著何等不幸，
無論充滿著何等苦難，

都不可將其當作藉口。

濟度眾生

此外，若你們能相信我的聲音，就要相信以下的話語。
佛以及佛的弟子們降生的時代，
總是烏雲滾滾的時代，
人心荒廢、時代沉淪。
正是在那樣的時代，
才有佛弟子們轉生於世的意義，
正因如此，濟度眾生才成為可能。
無論你們是出生在何種時代，
無論你們是出生在何種環境，
無論你們是出生在何種人群當中，
對此都不可感到後悔。
你們降生的時代，

隨我而來

你們轉生的時代，
總是人類苦難的時代、悲傷的時代。
但是，在那般時代當中，
宣告新時代黎明的到來，
不就正是你們的使命嗎？
不正是如此，你們才能完成與佛之間的承諾嗎？

諸比丘、比丘尼啊！
我為今生能再次相見感到喜悅。
我為今生能再次相見感到喜悅！
我在過去曾和你們做過承諾，
在末法之世，我將再次復甦。
在末法之世，我將再度轉生，
與你們一同，

為了建設佛國土而貢獻一生。
正是在末法之世，
為了述說新法，我將降生於地上。
我在過去和你們做了承諾。
我沒有違反那個承諾。
現今，末法的時代已到來，
時代在邀請我，
時代亦在邀請你們。

緣生弟子們啊！
要相信我的聲音！
要覺醒於我的聲音！
要跟隨我前進的方向！
要隨我而來！

要隨我伸出的潔白之手而來！
我是你們的永恆之師。
萬萬不可忘記，
跟隨於永恆之師之後，
就是弟子的使命。

第二章

睿智的話語

心的食糧

諸比丘、比丘尼啊！
仔細聽我言！
我曾經常如此跟你們說。
你們要好好掌握心靈指針。
儘管心會時常左右搖擺，
但是要掌握心中的指針，
隨時使其指向北極星的方向。

這個心靈指針，正是睿智的話語。
你們已聆聽了眾多睿智的話語，
要將那睿智的話語，當作己心食糧。
人們啊！
睿智的話語並非俯拾皆是。
而是在你們人生的旅途中，

在必要之時，
才會以你們必要的形式賦予。
今日，我的話語也被當作睿智的話語記錄下並且被閱讀，
但是，那些話語講述的時間、講述的地點、講述的對象，
未必皆為特定。
所以閱讀那些話語的人，
並不知道那話語是對何人、在何處、
以何種方法、在何時被講述的。
但是，講述話語著實有困難之處。
若是不得場合、對象、時機，
話語就難以有真實的力量。

諸比丘、比丘尼啊！
我所講述的話語、說法，

終究會因為你們聆聽之際的心境、時空不同，
解讀的方式也會跟著不同。
因此，
諸比丘、比丘尼啊！
不可只以自我的角度來理解我的話語。
要探究我話語的真意。
我的話語，未必是回答你特有的問題。
我的話語，是為眾人講述。
你們要從我為眾人所講述的話語當中，
選取應該成為自己心中食糧的內容。
找出和你的心靈產生共鳴的話語。
選出對你們來說最為自然、最具普遍性的話語。
那就是睿智的話語。

自戒的話語

人們啊！人在順境之際，常會驕傲。
為了讓自己不在順境之際驕傲，就必須要有自戒的話語。
不可忘記自戒之心。
要將自戒的話語銘記在心，
於腦海當中經常提醒自己。
何謂自戒的話語？
那就是，
得意之時容易忘記之事，
就是太過度相信自己的力量。

諸比丘、比丘尼啊！
不可過度相信自己的力量。
即使自己興起行動的結果，得到了美好的成果，
但也不可對自己過度相信。

不可自吹自擂。
不可將那都當作是自己的功勞。

你們與永恆的生命連結在一起。
與偉大的大靈之生命連結在一起。
你們與佛的生命為一體，
你們亦是佛的生命的一部分。
因此，
在相信佛的時候，
在修法的時候，
會出現眾多偉大的成績，
會出現眾多偉大的事蹟，
會出現眾多偉大的奇蹟。
但是，切勿認為那些皆是因為自己的力量。

切勿認為那些皆是全憑自身之力。
那全是因為你們的生命連結著偉大的宇宙生命，
才能夠成就的奇蹟。
那全是因為你們和偉大的睿智為一體，
才能夠興起的事蹟。

眾人啊！要知道，在這宇宙當中，
沒有任何一物能僅憑借你們自己的力量成就。
要知道，你們身處在偉大的佛的手掌上。
正是有那偉大的佛掌，
才會有你們行走的餘地。
掌閉，宇宙則變得黑暗，
掌開，宇宙則處於無限光明當中。
切勿忘記，現今你們正活在這佛掌之上。

中道

憑藉自己一己之力，無法成就任何一事。
之所以你們會看似有所成就，
皆因得佛的力量而成就。
對此切勿忘記。
必須將這偉大的宇宙祕密，
經常刻劃於己心。

我想再三地對你們說。
不可忘記，
人在登上成功階梯的同時，
自己往往也是走向失敗的階梯。
成功之路和失敗之路的傾斜度越大，
如此表裡一體的情形，就越是清晰可見。
沒有成功過的人，其失敗次數應該也很少。

然而，體驗多次成功的人，
應該也品嘗過多次失敗的經驗。
就像這樣，
人生就像抽打一條繩子一樣，
繩子時而右、時而左，時而上、時而下。
不可忘記，
同一條繩子的上下起伏，
就像是人的幸福與不幸。

你們應該有抽打過繩子吧？
在抽打繩子時，
繩子的高處、低處，都出自於同一條繩子。
有時，繩子會變成高山，
有時，繩子會變成低谷，打在地上。

就像這樣，
你們的人生有時會出現高山、有時會出現低谷。
但是，在那個時候，我想要和你們說。
要對自己的心誠實，要經常維持中道。
中道的理論，絕非是不讓你們成功的理論，
也絕非僅是將你們從失敗的深淵拉起來的理論。
中道的理論正是人生的王道。
要知道，你們的眼前就有這條人生的王道。
換言之，在成功之時、得意之時、順利之時，
要常常告誡自己，必須保持謙虛。
在謙虛的同時，
不可忘記感謝他人、感謝佛。
若是在成功之時、順利之時，不忘記謙虛和感謝，
那般成功應該就會持續擴大。

無論那成功擴張到多大，
都不會說那偏離了中道。
所謂不偏離中道的成功，
皆是伴隨著謙虛和感謝。
伴隨著謙虛和感謝的成功，
就是經常走在中道當中。
這是能活用在任何事物之道。
不可讓自己的成功，
招致他人的失敗。
不可讓自己的成功，
給他人帶來傷害。
不可讓自己的成功，
給他人帶來不幸，
邁向成功之道，

靈魂的砥石

必須是勉勵萬人之道。

勉勵萬人之道，是一條偉大大道。
是一條寬廣之道。
是一條平坦之道。
是一條通向無限遙遠彼方之道。
這就是所謂的中道之道。
這條中道之道，亦是一條黃金之道。
這條閃耀著黃金色的道路，
即是中道之道。
眾人啊！對此不可不知。

然而，眾人啊！
切不要為了自己身處不幸而悲嘆。

正是身處於不幸當中，
才會有步入中道的資格。
身處不幸當中，
你們才會悔悟於自己的人生。
才會深切地細細觀察自己的錯誤。
才會切身地感受到自己的不成熟。
在那個時候，
才可以說你們正為了步入黃金之道而做著準備。
你們在失意當中，必須要重新站起來才行。
那是因為你們亦是佛的手、足。
你們亦是佛的偉大生命的一部分。
既然你們是那樣的存在，
在這世間，就絕對不存在失敗；
在這世間，就絕對不存在挫折。

你們是絕對不會身處在不幸深淵當中。
那些看似失敗、挫折、不幸的經歷，
所有都是為了讓你們的靈魂更為發光而存在。
那些都是為了讓靈魂發光的砥石。
必須要如此看待。
這就是佛法的根本。
我不會說苦難或困難，不存在於世間；
也不會說苦難或困難，不存在於靈界。
苦難或困難本身，也並非為善。
苦難或困難並未被容許單純存在。
苦難或困難只被容許做為砥石而存在。
苦難或困難是為了磨練靈魂、讓靈魂發光的砥石，
是為了讓靈魂發光的砂紙、銼刀。

人們啊！要如此看待才行。
既然如此，身處苦境之時，
要知道命運正教導自己什麼。
要知道命運正教導著什麼，
並且，將此作為己心的食糧。
將此作為自身之戒。
將失敗當作教訓。
並且，再次回到中道之道。
在步於中道之時，
有時又會有相同的危險向你襲擊。
屆時，你要活用既已儲備的知識、
既已儲備的經驗、
既已儲備的智慧。
你們應該就不會再重複經歷相同的失敗。

那是因為你們所經驗的事物、
從經驗當中學習的東西、
從經驗當中學習的教訓，
從那些事物產生而出的睿智，保護著你們。
使你們、你們的天庭閃耀著光芒。

不要因此而害怕失敗。
要認識到，
這是為了讓你們於將來獲得更大的成功，
免遭受更大的挫折，
進而佛所賜予的疫苗。
要認識到，
這是佛所賜予的預防接種。
要認識到，

謙虛和感謝

這是為了讓你們的人生充滿更多的光明，
進而佛所賜予的。
當如此進入中道之道時，
你們將被保證有著永恆之光。

諸比丘、比丘尼啊！
我應該曾經常教導你們。
人不可以僅追求自己的幸福，
不可以自己享受到幸福就好。
要知道，在進入中道之道，自己變得幸福之際，
那般幸福非屬個人。
在自己進入中道之道之後所得的幸福，
必須還要將其返還給周遭眾人。
我是如此認為的。

你們真的有想過為何會有中道之道嗎？
在偏離了中道，
走在充滿著荊棘之路時，
你們是不是滿腦子都在想自己該如何得救？
此外，他人也在為了拯救你們而費盡苦心。
給眾人增添了煩惱、痛苦，
就代表你正過著負面的人生。
因此，你必須儘早離開那荊棘之路，回到中道才行。

此外，我也曾說過，
在得意的時候要謙虛，不可忘記感謝。
你們能了解這句話的意義嗎？
所謂的謙虛，意味著什麼？
那意味著，自己要告訴自己，

自己得到了眾人的力量，
自己得到了佛的力量。
透過自己告訴自己，
就可以防止自己出現慢心。

此外，什麼是感謝？
這是源自謙虛的行為。
因為謙虛，所以會萌發感謝。
萌發感謝之心，
那般謙虛就會表現在對他人的行為上。
此為非常重要的道理。
成功者之所以會成功，
是因為此人向眾人奉獻著愛。
是的，在自家的田地中結出了碩果時，

雖然常常會遭受他人嫉妒或誹謗，
但在從自家的田地中獲得眾多收穫時，
也有著能讓他人感到喜悅之道。
那就是將自己所採收到的眾多水果、稻穗、麥穀，
分享給周遭的人們。
如此一來，你即成為了存在之愛。
如此一來，你的存在即變成了善、存在之善。
正是如此，這就是成功的要諦。
把成功的果實，全都歸為己用時，
即會發生巨大的錯誤。
但是，將成果活用於他人時，
即能滋潤世間，
讓眾人靈魂歡喜。

愛的實踐

諸比丘、比丘尼啊！
我要提醒你們。
所謂的成功者，
就如同是在田間流動的溝渠。
溝渠中流淌著豐盈、清澈的水流。
這個溝渠灌溉著周圍的田地。
須知，這就是成功者之道。
即使儲蓄再多的水，也不會成為德；
即使儲蓄再多的水，也不會成為善，
即使儲蓄更多的水，也不能說是成功。
然而，當清水入渠、順渠流淌、
滋潤著眾人的田地時，
那即是德、
即是善、

即能稱之為成功。

人們啊！
在思索中道的涵義時，
可想想這溝渠的比喻。
若溝渠只是在無數的田埂邊經過，
那溝渠當中的水，就無法滋潤所有的田地。
但是，當溝渠的水穿過田地的中心時，
便可以為他人提供眾多的愛。
要將溝渠建於田地的中央，
要把溝渠置於中心之地。
以溝渠為中心的田地會富饒，
溝渠是會了讓田地發展而存在。
水，如同血液，

溝渠，如同流動著血液的血管。
朝那血管輸送血液的心臟，
就是你們的愛心。
對此，切勿忘記。
要將自己的人生理想，視為田地的溝渠。
並且，你們必須要變成朝那溝渠送水的巨大幫浦。
在田地需要水時，
你們必須要變成不斷抽取地下水、持續供水的抽水機。
那無限湧出的地下水，即是佛光，
亦是佛的慈悲。
你們必須知道，
如何能夠接受佛愛。
當你們毫不吝惜地試圖滿足他人時，
當你們試圖滋潤他人心田時，

教養之路

佛的力量、愛、勇氣、光，
就會像地下水一樣湧出。
你們對此不可懷疑。
我要反覆地叮嚀你們。
人生的理想就在此處。
人生的理想確實在此。

此外，我還要提醒你們以下道理。
若是進一步拿溝渠比喻，
既然是溝渠，就必有側牆，
溝渠的寬度或許有三十公分、五十公分，或一公尺。
為了讓水得以流動，
就必須要有一定的寬度、一定的長度、一定的側牆。
或許看上去這是在拒絕對他人施愛。

做了側牆，
或許就會遭到人們的批評、非難。
但是，請試著想一想。
如果溝渠不能筆直地流淌，
會變成怎樣呢？
如果讓水從放置冪浦的小屋溢出，會變成怎樣呢？
最後水會滿溢而出，變成一道小洪水吧？
想想看，變成洪水的結果，
真的就能讓稻穗成長嗎？
應該不會吧。
讓尚未成熟的秧苗泡在水裡，
最後就會腐爛泡湯吧！

由此來看，

為了將愛普遍地施予更多的人，
這個溝渠的比喻，
告訴了人們必須要做好人生的基礎工程。
或許在建設溝渠的過程會感到迷惑，
或許在建設溝渠的工程中，會遭逢他人的批判。
那些批評不外乎是：
「如果將那寬五十公分或一公尺的溝渠用地都改為田地，
種上稻子、麥子，不是能有更多的收穫嗎？」
一定會有人如此對你說道。
但是，你應該要默默地繼續挖渠。
當看到你繼續挖渠的樣子，
當看到你繼續挖渠引水的工程時，
應該會有人嘲笑你。
「真的是在做蠢事。

做那些工程，收不到任何一粒麥子、稻穀，
真是浪費時間在那沒有價值的事情上。
真是自我滿足於那沒有價值的工程上。」
一定會出現如此批判之人。

然而，不要懷疑自己的理想。
不要忘記自己的理想。
縱使那是一個遠大的計畫，
畢竟那計畫終有完成的一天。
不可拘泥於眼前的事物。
不可拘泥於眼前的利益。
當你抱持著偉大的理想時，
不可膽怯於他人的批判或中傷。
不可對他人的批判或中傷而感到膽怯，

必須要筆直地、筆直地建造溝渠。
即使有人說浪費了那土地，
即使有人說那工程收不到任何稻穀，
即使有人說那是徒勞無功，
但若是你們的人生理想，
是建立在供給偉大的愛之上的話，
那工程就不能半途而廢。
我是如此認為。
倘若按照如此思考，
你們的中道之道，
實為難以達成之事。
待溝渠完工、完成、成功時，
即能讓眾人明白「原來是這麼一回事」。
但在建設途中，應該會聽到「為何要這麼做」的質疑。

應該會聽到「何以要那麼做」的聲音。
但那也不過是無法理解這理想的人們的話語。

諸比丘、比丘尼啊！
你們是否明白我以溝渠為例子，
所要表達的意思？
是否能夠明白這個例子的意義？

緣生弟子們啊！
我想要說的是，
在人生完成之道上有著眾多需要學習之事。
你們要累積教養。
你們要走在教養之道。
教養的養成，並非是尋常容易之事，

那必須要孜孜不倦、持之以恆地努力。
在累積教養的過程中，
會遭受到來自眾人的批評。
「那種事沒有用處」、
「那種事毫不管用」，
你們必定會聽到這般話語。
然而，教養之路是一條遠大之道。
那是讓你們的靈魂獲得滋養，
孕育你們的靈魂之道。
要認識到，
現今，自己正在廣闊的土地上挖掘一條溝渠。
藉由這一條溝渠，可以灌溉周圍的荒土，
將其改變為田地。
挖掘這一條溝渠的工程，就是所謂的累積教養。

你們為了獲得人生的勝利、引導眾人，
就務必要學習更多的知識、積累更多的經驗，
並且使其昇華為自身的教養。
僅是匯集破碎的知識，
我不會稱之為教養，
雖然知識可以成為累積教養的力量，
然而，我要提醒你們，
唯有在知識當中投入了愛，才能成為教養。
唯有知識透過了愛的媒介，才會變成教養。
重要的是，那知識是用於何種目的上。
如果只是把知識用來自我炫耀，
讓別人覺得自己很了不起的話，
那知識就絕對不會成為教養。
但是，試圖將那知識用於利他、勉勵他人之際，

知識便會滋養你的人格，
使你的人格健壯，
使你的人格強勁。
換言之，在知識上加入了愛的媒介，
並且化為自己的智慧時，
那才算是走向教養之道。

人們啊！不要對此懷疑。
從今爾後，
你們要將廣佈於眼前的遼闊土地的一部分，
做為提高自己的教養之地。
這是指，
你們要將眼前人生時間當中的一部分光陰，
用於努力提高自己的教養。

要將你們所擁有的一天當中的一定時間、
將一個月當中的一定時間、
將一年當中的一定時間，
作為累積教養所用。
這麼做絕不會是白費心力。
這必會成為為了眾人謀利的基礎工程。
教養當中的教養、真正的教養，
終究是永恆的佛法真理。
我是如此認為。
你們要將佛法真理置於教養的中心，
要將佛法真理置於中心。
要將佛的教義置於教養的核心。
並且透過知悉、學習佛法真理，
再一次地重新學習世間的眾多知識，

再一次地進行研究。
此外，再一次地探討你們過去所得的知識。
若是在你過去所得的眾多經驗當中，
有著綻放如鑽石般光芒之寶，
就要將其挑選出來。
若是在你過去所學的事物當中，
有著睿智之物，
就要將其摘取出來裝飾自己。
今後在你們試圖學習的事物當中，
若有能讓你感到佛法真理的芳香、
若有能讓你感到佛法真理的存在，
就要如饑似渴地加以吸取、加以學習。
換言之，
所謂教養之道，

向上之路

即是將佛法真理置於中心，
並在其周圍留下眾多
以發明、發現，精心設計為名的人類遺產。
歷來，
許多人們做出了眾多發明，
許多人們下了眾多的功夫，
許多人們創建了眾多思想，
許多人們提出了眾多建議。
你們必須用佛法真理對那些事物進行篩選，
並且將通過篩子之物作為自身的食糧，
這就是在累積教養之際，非常重要之事。

諸比丘、比丘尼啊！
理解我的話語的意義了嗎？

諸比丘、比丘尼啊！
你們切勿嘆息。
不要因持續地走於向上之路、
走於努力之路感到艱辛而嘆息。
要相信這條道路是一條黃金之路。
你們必須每天吸取營養，
讓自己不斷地成長。
必須要每日吸收精神的食糧，
並且每日鍛鍊靈魂的腰桿，
每日讓靈魂朝偉大的境界邁進。
這就是你們人生的真實意義。

人們啊！從今爾後，
要孜孜不倦地努力，

並且，要將眾多教訓銘刻於心。
唯有將教訓持續銘刻於心，
你們才算是走上了精進之道。
在八正道當中，有著正精進一詞，
這正精進一詞，
對於現代人來說，或許難以理解。
但是，我必須強調。
這正精進之道，
即是無限地磨練人格之道，
即是無限地向佛之道。
絕對不可放棄持續走在這向佛之道上。
即使在途中會感到精疲力盡，
但是絕對不能後退。
即使在途中無法再前進，

也絕對不能退卻。
屆時，應該休養生息，
等待力量再度滿溢。
若是力量再度滿溢，就要朝向上之路邁進。
這就是你們被課以的偉大使命。
若是無法讓人們向上，
就不能不說佛法尚且無力。
但佛法是真正充滿了力量的教義，
眾多學習教義之人，
就必須懷有勇氣、發揮睿智，
並且滿懷希望，走在向上之路上。
這向上之路，
換言之，即是覺悟之道。
你必須要走在這條大道上。

這條大道，
正是你們最終必須將其視為目標的道路。

第三章

勿成為愚者

何謂愚

諸比丘、比丘尼啊！
仔細聆聽我的話語。
仔細聆聽我的話語，將其銘記於己心。
今天，我要對你們講述何謂愚者。
不，我還要告誡你們勿成為愚者。

看啊！世間當中到處橫溢著愚者。
你們可知何為愚者、何為非愚者，明白其差異嗎？
你們或許會區分出聰明或非聰明之人，
再去判斷何者為愚者。
的確有那般區分的方式。
但是，我要和你們說。
在這世間當中，有很多人認為自己並不愚昧。
然而在那些認為自己並不愚昧之人當中，

有很多人其實就是愚者。
我並非僅是用頭腦的好壞，來判斷愚昧與否。
愚昧與否，
取決於此人是否知悉自己靈魂所欲為何。
看看四周吧！
你們的四周應該有著愚者吧！
不，或許不是別人，你自己就活在愚昧當中。
所謂愚昧，
即是自己在每天的生活中，於心中產出著毒素。
自己在每天的生活中，己心吃著毒素。
不知道己心吞食著毒素，不曉得自己正吞食著毒素，
在如此狀態下過著每天的生活。
如果自己的肉體，吃了含毒的食物，
想必肉體會立刻衰弱、死去。

但是，即使你們自己的靈魂現正吞食著毒素，
為何你們卻不知道那是會導致自己的靈魂死去的行為呢？
到底為什麼會不知道呢？

人們啊！要仔細聽我言。
你們在不知不覺之中，
每天都在吃著毒素。
每天都在吞食著砒霜之毒。
即使是少量的毒素，每天持續地攝取，
還是會造成巨大的影響。
終究你們的靈魂會走向死路。
何為靈魂之死？
那就是失去了本來的佛性之姿。
所謂失去了本來的佛性之姿是什麼呢？

那就是此人安逸於與靈魂本來被創造的目的，
完全相反的人生中。

切勿貪

人們啊！要仔細聆聽。
我要提醒你們。
首先要捨棄貪婪的欲望。
你們當中有很多人有著貪心，
可知什麼是貪婪之心？
那就是指無止境地掠奪的心、
這個也要、那個也要的欲望。
貪婪之心當中，
有著謀求地位的欲望，
有著出人頭地的欲望，
有著奢求名利的欲望。

佈施之心

必須知道，
若總像是空腹的餓鬼，
無論怎麼吃都無法填飽肚子，
無止盡地持續貪心下去之時，
你們的靈魂就會隨之陷入無底的深淵。
可知為何貪即是毒？
可知為何貪即是惡？
你們知道那代表什麼意義嗎？

諸比丘、比丘尼啊！
我應該經常向你們述說過。
人得到了生命，能夠轉生於今世是很困難之事。
轉生到了今世，又能接觸佛的教義是很困難之事。
此外，在今生享有生命，

同時又能和佛同在，亦是困難之事。
佛轉生於世間，講述佛的教義的時候，
人能得世間之生，是很困難的。
既然是配合這般的時代轉生於世間，
你們有著何種使命自然是很清楚的。
你們是為了施予他人而來的，
施予是現代的話語，
所謂的施予即是佈施之心。
所謂的佈施，
即是對他人關懷之心、
體諒他人之心、
為他人徹底奉獻之心。
若缺乏如此心境，佛的教義便不具任何意義。
佛的教義，是為了向他人徹底奉獻而存在；

佛的教義，是為了向他人佈施而存在；
佛的教義，是為了向他人施愛而存在。

人們啊！
首先不能搞錯這個根本。
要知道，人不是為了貪而轉生到世間。
試著觀察己心，
有著很強的貪心之人，
就不得不說這是很愚昧的。
不可總是執著於地位，
不可總是執著於出人頭地，
不可總是執著於名譽。
不可總是執著於自己的自尊。
不可總是執著於想讓人看好自己的心念。

悟者

那樣子的心，全部都是貪心，
想要被他人看好之心、
想要被他人的尊敬之心也是貪心。
想要被他人羨慕之心也是貪心。
想要變得有名之心也是貪心。
想要炫耀自己的權力，這也是貪心。

人啊！
悟者總是保持安靜。
人啊！
悟者的腳步總是輕柔。
人啊！
悟者總是微笑地前行。
人啊！

悟者，不驕傲。
悟者，不逞威風。
悟者，不矯飾自己。
悟者，不裁罰他人。
悟者，不傷害他人。
悟者，既溫和，話語又端正、沉穩且優雅。
貪婪之毒，之所以為惡，
就因為它有害於柔和之姿。
柔和之姿本身即尊貴。
柔和的面孔、柔和的話語、柔和的姿態，
這本身即尊貴。
這本身即是佛姿。

人們啊！從今爾後，

認識自己

要好好檢視己心有無貪心。
若是發現己心有貪心之毒，
就要即刻清除，
不可容許這毒素再次入侵，
要關上心門，不可使其再度進入。

世間當中實在還有著眾多愚者。
愚者的特徵之一，就是不認識自己。
這些人沒有自知之明。
他們不僅沒有認識自己，
反而還洋洋自得。
但是，我要反覆地提醒你們。
即使已讀破萬卷書，
即使已遊遍全世界，

如果無法徹底看清自己，
就不能說此人是個智者。
即使有了何等的學識，
即使自認為是活字典，
即使已踏遍了各地、遊歷了世界，
但若是不知己心、不知己之本質之人，
就無法說是智者。
反之，
即使其知識淺薄、見聞狹窄，
但能深知己心、控制己心，
並且有著認識自己的覺悟的話，
此人就堪稱為智者。

人啊！切勿弄錯那順序。

首先，治身最為重要。
若是無法認識自己、無法治身，
即使投入了多少的金錢、花了多少的時間，
即使是借助了多少他人之力，
即使是獲得了何等的成績，
都還無法稱之為智者。
要好好地認識自己。
在這認識自己的過程中，
包含著認識到自己身為佛子的事實。
無論在這世間如何地受他人尊敬，
若是不知己身之靈魂是為佛所賜予，
沒察覺自己內在佛性之人，
絕對無法被稱為智者。

最愚者

我要好好地提醒你們，
首先，要成為一個熟知自己之人。
要將此作為最初的目標。
若沒有認識自己，
即使自認通曉世界，
即使自認熟知人心，
也不代表你就是聰明之人。
若是不認識自己，
就算匯集了眾多知識，
也不得不說此人是愚昧之人。

人們啊！
其次，還有另一種愚者。
這種愚者，是在他人陷入動搖和混亂時感到高興。

有人就是會在他人心中播下毒種，
使他人內心焦躁不寧，
讓他人走向誘惑的深淵。
對他人打妄語、耳語，
迷惑那些試圖精進之人。
這種人也是愚者。
在學習我的教義的人當中，
有時會出現這樣的人。
因為自己的覺悟沒有進展，
因為自己沒有受到重用，
所以就試圖拉下同行之士，
這樣的人總是無法絕跡。
這種人試圖動搖那走在相同修行道路之人的堅實之心，
想要增加自己的同夥。

想要增加自己相同有著不平不滿心的人們。

人們啊！
要徹底知道，這種心態、這種想法、這種行動，
全都與地獄相通。
地獄當中有著眾多亡者。
地獄的亡者們，不會想要自助自救，
反而只是企圖增加同夥、創造同夥。
他們企圖藉由讓他人也品嘗相同的痛苦，
讓他人也陷入相同的迷惘，
讓他人也掉入相同的欲望深淵，
藉此來緩和自身的痛苦。
但是我要提醒，
即使持續如此行為，

也絕對得不到心的安寧。
切勿做那樣的行為。
絕不可為了緩減自己的痛苦，而去利用他人。
絕不可拉他人同入深淵。
絕不可對他人滿腹牢騷。
自身之苦，要自己一人承當，
自身之苦，要自己一人對決，
要自己一人對決自身的問題。
切勿與他人結黨營私，
試圖讓自己正當化、合理化。
絕對不可做如此行為。
既然是學習教義、學法之人，
就不能為了維護自己的正當性，
進而曲解、歪曲、錯誤地傳遞教義，

也不能迷惑他人。
須知，這類行徑全與地獄相通。

因此，我必須要說。
最為愚昧的，
就是如此迷惑走在精進之路上人們之人。
這種人，沒有認識到自己是愚昧之人。
此人不覺得自己愚昧，
反而自認為是正確之人、聰明之人。
用自己渺小的知識，
曲解、歪曲佛的教義，
盡是解釋成對自己有利之說。
但是，聰明之人必須知道，
這般想法會產生多麼深重的罪惡。

在其想法的深處即為欲望。
在其想法的深處，
即為有著想要與說法者一樣，站在偉大立場上的欲望。
但是，人們啊！
要好好地知道啊！
人各自有其器量，
人在引導他人之際，有者引導與跟隨的順序。
在長久的輪迴轉生的過程中，
成績優秀的靈魂，
會作為走在前方之人，引導後繼之人。
然而，身心尚拙之人、尚未充分修行之人，
終究必須要接受其指導。
須知，如此立場的差異，存在於任何時代，
為了能進步，就必須要知分寸。

和藹的價值

為了能學好，就必須保持謙虛。
為了能覺悟，就必須好好地調整自身。
我認為這甚為重要。

對於勿成為愚者，我想進一步地提醒。
愚者經常缺乏和藹之心。
此人平日不知道和藹之心有多麼地重要。
所謂的和藹，
即是盼望眾人在人生中能體會到幸福。
就是有人沒有這種和藹之心，
排斥他人、恐嚇他人、
試圖讓他人屈服於自己視為理所當然之事。
這種人絕對不知道，
自己是過著何種錯誤的人生，

所謂和藹的價值，
就在於那是表示人是佛子的最佳佐證。
我有時會用「悲」一字來表達和藹。
活在這地上的人們，
同樣身為人活在地上的人們，
處於眾多的痛苦當中。
因為肉體的束縛，進而經歷著眾多痛苦的生活。
在這走向覺悟充滿重重障礙的世界上，
在這覺悟機緣甚少的世界上，
人們活於痛苦當中。
此外，動物、植物們也一樣。
在這三次元的世界中，
在這現象界的世界中，
能看到眾多活於痛苦當中的同胞們。

看到這些同胞們的樣子，能夠不流淚嗎？
若是不會流淚，就代表自己沒有和藹之心。
見他人痛苦、悲傷，進而流下眼淚，
這稱之為大悲、偉大的悲心。
那亦是佛的慈愛的眼淚。
真正的和藹與真實的悲心相連。
望見這悲傷的世界，
若是他人身上有針在刺，
為何不想去為其拔除？
若是他人心中插有毒針時，
為何不想去為其拔除毒針？

人們啊！當失去了悲心，
人就會變得自私。

自我保存之愚

就會變得只想到自己。
就會變得只想到自己的幸福。
最後就會變成那樣。
看這世間吧！
看那人們吧！
看那動物吧！
看那植物吧！
感受那悲心！
那般悲心，
會告訴你必須做什麼。

不懂何謂悲心之人，只會想到自己之事。
只會想到自己的傷悲。
但是，無論自己多憐憫自己，

世間不會有任何好轉。
為了讓世間有所好轉，
就要為他人拔除心頭之刺，
就要為他人拔除心上毒針，
必須要抱持如此心境。
切不可有傷人之心。
切不可有害人之心。
切不可有那般心境。
這種只想到自己的自我保存之心，
也是愚者的特徵。
只求利己、只想到自己，
進而汲汲營營地努力，
其方向也只是背離佛心。
難道不知，如此只想到利己的行為，

就等於把自己給殺了嗎？
難道不知，今世之所以享有生命，
並非僅是為了利己而來嗎？
自己在今世享有生命，
就不可以將自身之生，只用於自己身上。
能夠得到了稀世慈悲，享受到今世的生命，
就必須要抱持著感謝，滋潤眾多人心才行。
對此不可不知。
因此，切勿盡是想到自己。
切勿只考慮自己的幸福。
利益自己之心，
絕對不可傷害他人。
我在過去應該有教導過你們。
利益自己之心，

勿為肉體煩惱

不可以只想著利益自己，進而傷害到別人。
唯有能夠與利益他人有所關聯，
利己之心、利己之行，才能夠被容許。
你們應該要好好地整頓自己、調整己心、磨練靈魂，
並且進入美好的世界。
所謂的磨練自己，
其結果必須是有利於他人、有利於世間，
將佛所創造的世界變得更加美好。
絕對不可錯誤解讀如此想法。

我想進一步提醒你們。
你們對於愚昧，尚有眾多不明白之處。
你們有很多人，太過於拘泥肉體的外形。
你們有很多人，太過於拘泥肉體的煩惱。

很多人看了自己的肉體，
苦於自己的高矮、胖瘦、美醜，
並當作每日的話題。
但是，我認為這也屬於愚昧人們的想法。
所謂的肉體，是一個乘物，
肉體僅是一種乘物，
只要能夠讓靈魂於今世修行，那就可以了。
對肉體不要再有更多的奢望。
只要能讓靈魂進行修行，充分地發揮作用，
那不就好了嗎？
切勿再有更多的奢望。
切勿再因奢望而煩惱。
要在心中發誓，
不再僅為肉體之事有過多的煩惱。

該煩惱之物，另所在多有。
那就是你的「心」。
正是要為你的心，感到煩惱。
正是要為你充滿邪惡、錯誤的心，感到煩惱。
正是要為你的心是否美麗，感到煩惱。
心若不美，自然地就表現於外。
心若不美，此人的眼睛就不會美麗。
心若紊亂、心若混濁，
此人的眼睛，就如同蒙上了烏雲，
此人的眼睛，就充滿邪惡之光，
此人的眼睛，就顯露陰險的寒光。
若是有著高傲之心，
此人的鼻子就會翹得老高，
總是表現著傲氣。

若是心術不正，
此人的嘴巴總是顯得歪曲。
總是諷刺、批判他人之人的嘴巴，
總是顯得尖銳、歪斜，令人生厭。
此外，心情浮躁的人，
也會從此人的言談舉止中表現出來。
總是責難、苛責他人之人，
也會表現出相應的舉止。

然而，心境沉穩的人，
會令人在時間中，忘記了時間；
會令人在處境中，忘記了處境；
會令人在人群中，忘記了人群。
這都是因為，此人總是柔和、穩重。

勿發怒

有著柔和、穩重之心的肉體，
絕不會讓周圍之人感到不愉快。
人們啊！在調整肉體之前，
首先要調整己心。
在要裝飾肉體之前，
首先造就美麗的心。
每天要保持柔和。
不可發怒。
不可誹謗。
不要發牢騷。
要將此銘刻於心上。

諸比丘、比丘尼啊！
以上我列舉了幾個毒素。

你們不可發怒。
即使發生了何種事情，
即使受到了何種屈辱，
都不可發怒。

對修行者來說，
勿發怒是一個極為重要的教義。
你們在修行之路上，
或許會常常遭受到他人的批判。
或許會遭受他人的非難。
或許會遭受他人的屈辱。
但是，既然身為佛陀的弟子，就要耐住那般屈辱。
不可以怒還怒。
面對怒氣，要用沉穩的話語回答。
面對嚴厲的批判，要以沉默回答。

勿嫉妒

不可忘記笑容。
不可忘記忍辱之心。
不可忘記忍耐之心。
你們必須要累積自身之德。
須知，若無忍耐之心則無德。
須知，以怒還怒，
就絕對無法成為有德之人。
絕對、絕對不可發怒。

此外，不可嫉妒和妒忌。
必須留意不可出現如此情緒。
絕對不可嫉妒、妒忌他人。
這對修行者來說，亦是重要的教義。
你們在修行當中，

聽到了旁人對他人的好評、
聽到了他人的心境有所提升，
應該就會在不知不覺當中，萌生妒忌之心吧。
應該就會出現嫉妒之心吧。
但是，不可敗給那種心境。
必須知道，若是己心有著那般嫉妒、妒忌的話，
自己就等於是活在愚昧之中。
不可以有那種心態。
若是遇到了優秀之人，
就要關愛優秀之人。
就要敬愛優秀之人。
就要尊敬優秀之人。
藉由尊敬優秀之人，
你們才能朝優秀之人的境界靠近。

藉由尊敬優秀之人，
你們才能向前跨出第一步。
對於修行者來說，沒有什麼比妒忌之毒還要來得恐怖了。
十年、二十年的修行，
會因為這妒忌之毒，一瞬間化為泡影。
過去那般累積之德，
會因為興起妒忌之心，進而一瞬間消失。
妒忌之弊，是因為它無法帶給任何人幸福，
被妒忌的對象無法幸福，
妒忌對方的自己也無法幸福。
那會打亂己心的和諧，打亂己心的安詳。
若是知道了那是惡，就絕對不可妒忌。
要敬愛、關愛優秀之人。
要愛有才之人、要愛有經驗之人、要愛有睿智之人。

勿發牢騷

這非常重要。

若是沒有對有才、有經驗、有睿智之人的愛心，
也就談不上對三寶的尊敬，
也就談不上敬愛師、敬愛師者的教義、
敬愛師者所創之團體。
若是如此，
在今世的靈魂修行就變得困難。

我說了不可發怒。
我也說了不可妒忌。
是的，接下來你們還必須要遠離牢騷。
牢騷會在自己的欲望未獲滿足之時出現。
並且，那會變成不平不滿蔓延至四周。

牢騷之心對於修行者來說，
也是必須要予以對抗的重要修行德目。
為何會出現牢騷之心？
牢騷之心是起因於自身的力量不足。
是起因於自信不足。
或者在疲累之際也常出現牢騷。
那是人之常情。
但是，若是疲累之際想發牢騷，
反倒應該要保持沉默。
要發牢騷之際，先沉默並深呼吸。
並且，要努力盡快脫離那般想法。
這牢騷也是毒。
那就像到處散佈的垃圾，汙染弄髒四周，
在那說著牢騷話語之人的周遭，

會立即形成垃圾場。
那些發出來的牢騷，到底誰要清除？
那些丟出來的垃圾，到底誰來清掃？
不可以做那樣的事情。
若是沒有人加以清掃，
發出牢騷的人自己就必須要予以承受才行。
必須要清掃那些垃圾才行。
若是沒有辦法清掃那些垃圾，
就只能在那些垃圾堆中生活下去才行。
這就是牢騷的恐怖所在。
如果快要發出牢騷，首先要鼓勵己心。
必須要鼓舞己心才行。
自己可不是一個優秀之人嗎？
自己可不是一個接受佛光之人嗎？

安靜地努力

自己可不是一個內心宿有佛生命之人嗎？
要更加光明地鼓勵自己才行。
如此一來，牢騷就會離你遠去。

此外，之所以會發牢騷的原因，
即是自己有著沒有達成的願望。
不論現在多麼地努力，
自己還是憎恨於總是沒有辦法獲得某物，
或者是達到某些目標。
但是，因此而發牢騷，
到底能有何種幫助呢？
你們會因此而得到進步嗎？
這就好比小船快要靠岸之際，
若是你用力划槳，

其波浪打在岸邊，
反而會反彈讓小船遠離岸邊。
你們在想要達成某些目標之際，
若是因為無法達成，進而發牢騷的話，
那就反而會讓你們和目標越離越遠、
讓你們和將來越離越遠。

與其如此，
還不如停止牢騷，
安靜地在己心積蓄力量。
對將來抱持期待，沉靜地持續努力就好。
至今為止，沒有不經努力而獲得成功的前例。
即使你期盼不努力就能輕易地成功，
但那對自己的靈魂沒有任何益處。
那樣的成功，也只是在沙地上建樓閣，

終究會瓦解崩塌。
人們啊！不要吝惜於努力。
不要想未經努力就能達成目標。
不想要未經努力就獲得成功。
未經努力就成功的話，
反倒要為那成功感到羞恥。
反倒要為那名譽感到羞恥。
反倒要為那名聲感到羞恥。
重點不是結果。
不可忘記，那般努力的過程，
才是你們充滿金色的榮光。
至今我舉出了發怒之人、妒忌之人、發牢騷之人，
都是屬於愚者。

如此事實無論是在何種時代都是真理。
要好好地檢視己心，
經常地檢查自己有無發怒之心、妒忌之心、牢騷之心。
並且，不要忘記，
若是自己有著那般心境，自己就是愚者當中的一人。
要盡快擺脫愚者，謀求智慧。
那也就是修行者之道。

第四章

政治和經濟

諸比丘、比丘尼啊！
要仔細聽我言。
我在過去應該跟你們講述了眾多關於心的教義。
並且，所謂心的教義，
是指超越了時代、超越了地域、超越了人種，
總是最妥善的教義。

在政治和經濟中

但是，
諸比丘、比丘尼啊！
在你們現今轉生的這個時代、這個地域中，
有著你們在過去藉由修行未曾學到的課題。
或許，你們不知道應該如何看待這個時代的政治。
或許，你們不知道應該如何看待這個時代的經濟。
的確，

過去我未曾向你們講過政治之道。
過去我未曾向你們講過經濟之道。
過去我是對你們說，
要遠離政治和經濟，
專心追求心的安詳。
是的，
在現今的時代，
心的安詳、心的和諧，以及覺悟之道，
同樣是至高之德，
這點無絲毫改變。

但是，
諸比丘、比丘尼啊！
你們活在這個時代、政治、經濟之中，

應該有著眾多迷惑、困惑吧。
看到你們的那般樣貌時，
不禁使我流淚。
比丘、比丘尼啊，
不要再如此困惑，
出現於世間之事，
全都是真實的佛心，以某種型態所展開之姿。
因此，
你們不要再天真地逃避政治。
你們不要再天真地逃避經濟。
你們今世的修行，
不就是為了在如此政治、如此經濟中，
展示出何謂清心、正心、沉穩之心，
並符合佛心的人生態度嗎？

精神支柱

是的，時代會發生變化，
但是，永恆之法不會變。
為了將這永恆之法傳遞給人們，
你們不可一概否定這世間之事。
要努力發掘潛於世間的所有的善，
努力消除出現於世間的所有的惡。
並且在那實踐當中，要走上真正的修行者之道。

人們啊！要仔細聆聽。
現今我正說法之地，名為日本的這個國家，
已進入了要引領世界的時代。
但是，這個要引導世界的國家，
卻缺乏根基的精神支柱，
這實為憂慮之處。

唯有一家之主、家長，
其心正直，且又有統御力，
其家庭才會繁榮。
與此相同，司掌國政之人，
若是抱持清心、正心，遠離欲望、執著，
並且一心為國民的幸福著想、
為民眾的幸福著想，
國家自然能得治理、平和。
然而，現今日本這個國家沒有可皈依之法。
這個國家沒有可皈依之法、可皈依之教義。
這實為令人感到嘆息。
人們真的認為所謂的國家會永恆不滅嗎？
國家會因時代、地域、人民而有所改變。
但是，就算國家的名字改變、地域改變，

其背後尚有著永遠不滅之法。
存在著永恆之法。
這永恆之法，從佛流淌而出，
並且，忠實地將佛心顯現於地上。

改變世間的力量

人們啊！從今爾後，
你們不能只顧埋頭修行。
你們不能只為自己修行而過。
你們的修行之姿，
必須讓眾人覺醒才行。
你們的修行，
你們這修行的群體，
必須要成為改變世間的力量。
我是如此認為。

要改變基於欲望而成立的這個社會，
必須是非以欲望而動搖的力量。
要改變因為欲望而混亂的社會，
即是遠離執著的人們的行動。
我是如此認為。

所謂真正的執著，
即是邁向佛道之志向，
無論多少人，都可心懷如此偉大的真正執著。
然而，所謂虛偽的執著，
即是指只將自身置於地上的範圍，
只追求在這地上自身的榮華，
只貪圖在這地上自身的安逸。
必須要捨去如此虛偽的執著，

抱持偉大的執著，
抱持真正的執著，
抱持邁向佛境的執著才重要。

或許執著帶有貶意，
也可以將執著說成依戀。
不，也可以說是強大的牽引力。
亦可以說是強大的結合力。
或者說是為了朝向佛境，無限提升自己的力量。

既然如此，從今爾後，
你們今後，要改變世間的陳規。
改變世間的樣貌。
改變世間的構造。

運用那唯一的力量。
運用那與偉大之佛合為一體的力量。
運用那斷卻世間執著的平和之心。

為了改變世間，
有人是透過革命。
有人是透過暴力。
有人是透過流血。
但是，我沒有採取那般想法。
為了改變世間，平和之心至為重要、
和諧之心至為重要。
若是透過暴力顛覆了國家，
那麼那個新的國家，終究又會在某日被暴力推翻。
流血革命，終究又會招致大量的流血。

真正的政治

絕對不可如此。
為了改變世間，
終究必須要重視心的平靜。
必須要重視心的平安。
必須要以和諧為基準，去改變世間。
必須要藉由推動和諧，去改變世間。
必須要遠離極端，以和諧為中心，
讓萬物皆能繁盛才行。

觀看現今國家的政治，
這即是最令人嘆息的問題。
各黨派相爭，互相主張自身的利害關係。
有人說這就是民主主義，
但我絕不認為如此政治符合佛心。

若是真的要符合佛心，
就必須要各黨派集合在一起，
認真地相互思索，
到底要如何才能真正地照亮世間、人心，並讓人們幸福。
就必須要認真地相互提案。
須知，充滿欲望的民主主義並非是真正的政治。
不可將基於欲望相互主張利益、權力，
混淆為這就是自由。
所謂的自由，並非是欲望的自由。
所謂的自由，並非是欲望的競爭。
不可將那般欲望，當作是真正的民主主義。
絕對不可是基於欲望的民主主義。
絕對不可是基於煩惱的民主主義。
不可為了實現自己的政治利益、

為了實現自己的生活利益、
為了實現欲望，進而選擇候選人，
並且使其操弄政治。
絕對不可如此。
創造出更多的人們，
不，創造出萬人皆能滿足的社會，
方才能夠說那是美好的政治。
為此，打從心底遠離鬥爭至為重要。
若無法打從心底遠離鬥爭，就無法產生真正的和諧。
現今，各式各樣的政黨互相爭權奪利。
可知在佛的眼裡，這是多麼悲嘆之事。
此外，即使在同一政黨當中，各派相互爭鬥，
為了自己能夠當頭，相互競爭不已。
那雖然亦有符合進步的原理之處，

但是，為何卻有著未盡理想之感呢？
那是因為，
人們都不想將好爭之人置於上位。
看到一般百姓相互爭執，
有時會感覺到像是小孩子一般幼稚地吵架。
但是，看到位於自己上位之人、
立於人們上位之人相互鬥爭之姿，
為什麼國民還能夠安穩而過呢？
將鬥爭置於上位，下位之人為何能夠安穩呢？
能夠和諧而過嗎？
能夠協調而過嗎？
那真的是非常矛盾。
除了矛盾，別無其他。
欲站在上位之人，

必須要重視秩序及和諧。
並且，作為一個經常被眾人觀看之人，
必須是作為一個有德之人而被尊敬。
在那議論國家政治之地的國會，
不容許出現粗暴的言行。
必須謹言慎行，人不可做出那般羞恥行為。
並且，就算自己已當選，想要擴張自己的權益，
也絕對不可做出貶低他人、批判他人人格的言行。
絕不可將那般言行，稱為言論的自由。
我是如此認為。

政治的窮困，起因於心的窮困。
政治是由國民選出的人所施行。
如果被國民選出的人們，施行的是心不在焉的政治，

那麼就不得不說選出他們的國民，同樣也是心不在焉。
不能容許發生如此狀況。
要施行真心誠意的政治。
要選出能誠心誠意，為人們盡力之人。
要選出能誠心誠意，為了讓世間變得更加美好之人。
必須要創造出如此風潮才行。
現今政治，實在令人憂心。
若是不知該選誰，那就選擇德高之人。
在候選人當中，互相選擇哪一個才是最是德高之人。
不可靠數字的力量來選擇。
不可靠金錢的多寡來選擇。
不可靠此人的政治手腕來選擇。
選出最為靠近佛之境界的人，才最為重要。
在政治當中，

經濟的真實

絕對要避免黨派的鬥爭，
必須要經常思索，
到底要如何才能使國民豐盈、幸福。

此外，

諸比丘、比丘尼啊！
你們應該常常因現代的經濟原理而困惑，
對於如此經濟原理，
想必不知該如何加以看待。
也不知這個經濟原理與佛法真理有著何種關係。
應該有很多人為經濟而苦吧。
應該有很多人因經濟而墮落吧。
應該有很多人對經濟有著過大的執著，
進而每天過著心不在焉的生活。

然而，既然現今的時代是這般時代，
就要活於經濟，並超越經濟。
應該有著那般人生態度才對。
無論你們如何磨練己心，
只要這世間存在著名為經濟的原理，
就無法從中逃脫。
既然如此，
在這經濟原理當中，就要選擇走上正確之道。
是的，我是如此認為。
將此對照過去八正道當中，
講述正確行為的正業的思想，
亦是妥當的想法。
過去你們有很多人進入了佛門，
在不知何為正業的情況下而過吧。

現在，能夠轉生於這個時代，
得到學習何謂真正正業的機會，
對此必須要感謝佛。
所謂真正的正業，
即是你的繁榮，能夠讓周遭之人富裕，
而讓周遭之人富裕，即能讓國家整體富裕，
藉此便能招喚眾多的幸福。
若能正確地運用經濟的原理，
那就能成為將幸福引導給眾人的原理。
然而，所謂的經濟，
並非是單純地為了經濟活動的存在。
所謂的經濟，必須成為磨練心、
讓心變得更為豐盈的原動力。
經濟，必須為心而服務。

這才是經濟的應有之姿。
若是心必須為經濟服務，
或者是心屈從於經濟，變成了經濟的奴隸的話，
那就不能說這是人應有的人生態度。

人們啊！從今爾後，要特別留意。
經濟能讓你們成為己心的王者，
切不可讓己心為了經濟而貢獻。
這絕不可忘記。
清心而富之人是有幸的。
那樣的人，必須以經濟力為力量，
讓眾人能大大地磨練己心，得到心靈修行之地，
讓眾人得到感化。
此外，若是在經濟上無力之人，

切勿將此視為一種痛苦。
不可將經濟視為痛苦。
不可將貧窮當作痛苦。
不可將經濟上的逆境當作痛苦。
因為仍有永恆不滅之物。
磨練那永恆不滅的靈魂、心，正是最後的工作。
這是最後的工作也是最初的工作，
是最初的工作也是最後的工作。
這個是無論在何種環境下，都要持續磨練己心的工作。
要將這經濟的原理，運用在這持續磨練己心的工作上。
一方面磨練己心、進行靈魂修行，
另一方面又為經濟的原理而奉獻，
這兩方面是可以同時做到的。
試著回想一下，

用所謂的貨幣可以衡量的價值，
不就是當自己對他人做出有益的工作時，
那就會以財富之姿回饋給自己嗎？
既然如此，之所以你現在貧窮，
不就是因為你沒有做出讓他人真正得益的工作嗎？
必須要在經濟的原理上進行反省。
若是做出了真的有利於人們的工作，
是不會出現不富裕的結果的。
如果做出了真的有利於人們的工作，
但卻總是自己沒有富裕，且陷入了經濟的危機，
那就是因為智慧不足。
要活用智慧。
若能活用智慧，經濟即能提升。
若能活用智慧，經濟即能發光。

若能活用智慧，則不會有失敗。
或許你們為了成就理想，燃燒奉獻，
心想只要真的做了好事，就應該能變得豐盈，
但實際狀況為何會變得如此，想必心裡感到很困惑吧。
或許，那是因為沒有徹底地活用智慧吧。
所謂的活用智慧，指的是什麼呢？
所謂的活用智慧，就是指活用時間。
所謂的活用智慧，就是指活用他人。
切勿忘記這兩點。
有智慧之人，會掌握時間。
有智慧之人，會自由自在地活用時間。
將時間作為夥伴、將時間作為武器。
將時間作為血液、將時間作為營養。
這就是有智慧之人之姿。

此外，不只是智慧、不只是時間，
活用他人而成功的事例也是不勝枚舉。
活用他人非常重要。
用人亦是經濟。
為他人所用亦是經濟。
在觀察此人是否有潛力時，
經濟能夠發揮巨大的力量，
提供靈魂偉大的修行之地。
若是你們獨自一人身處僧堂，
終日打坐，
想必不會產生任何經濟，
也不會與任何人接觸。
但是，一旦進入了職場，
每天在那裡遂行工作時，

知足

你們就必定會在那經濟原理當中，
面對要如何用人的問題。
那將成為巨大的學習。
你們必須要充分地活用那般學習。

此外，你們應該聽過適才適所一詞吧。
所謂適才適所，
是指根據此人的器量、此人的才能，
安排此人於適當的位置。
或許你們難以理解這適才適所的想法，
或者難以肯定這般想法。
其實，這是因為自己的欲望過強，
無法對自己做出正確的評價所致。
不可不知，當人被用於符合其器量之處時，

人才會感受到喜悅。
鋸子有鋸子的幸福；
刨刀有刨刀的幸福；
鑽鑿有鑽鑿的幸福。
對此不可忘記。
鋸子能夠利於鋸斷木頭。
能夠將木頭鋸斷，此為鋸子的喜悅。
但是，將木頭刨得平整，即是刨刀的喜悅。
此外，將木頭鑽出洞來，即是鑽鑿的喜悅。
鋸子、刨刀、鑽鑿雖各有不同，
但各自皆很尊貴。
各自皆很尊貴，且缺一不可。
雖說是如此，但當世人說刨刀才是美好之時，
大家就一窩蜂地想變成刨刀。

然而，世間當中有著各式各樣的人，
每個人在各自的崗位上工作，
世間才會變得越來越美好。
或許你們都將引人注意的鋸子的工作當作目標。
但是為了讓鋸子發揮作用，必須要有很大的力量。
既要大膽，又要迅速、有豐富的決斷力，
並且，工作也要果決才行。
這般性格的人，就適合擔任鋸子的角色。
但是，也有人是中規中矩，
具有著豐富的服務精神，能夠關心眾人。
如此性格的人，就未必適合擔任鋸子的角色。
這樣的人適合擔任刨刀，
專注於如何讓木頭變得光滑、亮澤就好。
那就是發揮本來的自己之道。

此外，有人適合走在非常專業的領域。
那是需要非常謹慎、細心且具有力量的工作。
這就是屬於鑽鑿的工作。
鑽鑿適合在需要精雕細琢的地方發揮作用。
這就是鑽鑿的工作。
或許有人蔑視這種專業的工作，
又或許有人自嘲於自己做著這般工作。
但是，世間就是需要這種工作。
用鋸子來開鑿木頭很是困難。
用刨刀來開鑿木頭也很困難。
只有用鑽鑿才能開鑿木頭。
就像這樣，
不可忘記，這適才適所的道理。
既然如此，假設你們當中有人成為了老闆，

或許此人會遭逢眾多困難、風波，
但若是此人認為如果自己沒有當老闆，
自己就不會幸福的話，
如此想法就是錯誤的。
地位在上之人、地位在下之人，
這終究僅是世間的排序，
並非是佛眼中的真實的排序。
實現適才適所，
所有事物方才會朝良善方向改變。
並非只要能夠滿足欲望就好了。
若是因為大家都想當老闆，
就讓所有人都當老闆的話，
那麼在那公司工作的人們陸續失業，
想必會遭逢巨大的苦難。

須知，只有具備當老闆的器量，方才能夠當上老闆。
既然如此，
就不可懊悔於現在自己正過著符合自己本分的生活。
當然，身處於經營立場之人，
必須公正地處理人事問題。
此外，即使是身處受僱者的地位，
期待能夠公平的處遇亦是正確之事。
但是，請務必記得我所說的鋸子、刨刀、鑽鑿的例子。
在適得其所、發揮作用之際，
方才能感到喜悅。
反之，則不會有真正的喜悅。
對此不可不知。
知足，絕非意味著消極。

適切的發展

知足，即是有自知之明。
知足，即是知道自己有多少力量。
知足，即是知道自己有多少才能，
知足，即是知道自己的處境。
即是知道自己人生之路。
即是找到自己的死處。
這就是所謂的知足。

在此，我想試著再進一步論述，
有關「知足」的想法。

我感覺到，
在現今的政治、經濟當中，
如此知足的想法尚未被徹底地運用。
人們似乎僅陶醉於數字的增加、擴大。

必須認識到，
知足的想法是何等重要。
如此想法彷彿是在僅追求進化的男性社會中，
注入了和諧的原理。
人們藉由知足，
能夠遠離左右兩個極端的想法。
此外，亦能夠遠離上下兩個極端的想法。
遠離左右兩極端、上下兩極端，
並且在那進入中道的道路當中，
正是知足的人生態度。
既然如此，必須要充分知道，
在政治當中也必須有知足的想法。
即使你拚命地想要滿足權力欲望，
但到頭來那是分文不值的。

你必須要知足，並且思索自己該走之道。
此外，相同的道理也適用於經濟上。
公司越是發展，那或許會讓人感到高興，
但是不管公司如何繁榮、發展，
都是沒有盡頭的。
一味地追求數字的擴大，不是正確的。
切勿忘記，人們在那過程當中能夠得到喜悅，
方才稱得上繁榮、發展。
所謂知足，
絕非是要你們踩煞車。
那是只要追求適切的發展。
若是不思索適切的發展，
所有事物終將以失敗告終。
即使是樹木，也應有適切的發展。

即使是花草，也應有適切的發展。
如果向日葵的花朵長到十公尺高的話，
想必向日葵會感到痛苦。
它必定會焦慮地思考到底如何才能從土裡吸取水分，
進而感到痛苦。
終究向日葵長到兩公尺高就好。
再舉另一個例子，
一棵柿子樹，若是結了眾多的果實，
應該會感到很高興吧。
但是，請試著想想若是結了過多的果實，
柿子樹會變成怎樣呢？
屆時樹枝一定會變得彎曲，
果實也會變得不美味。
對於那棵樹木來說，就等於是做了無益的工作。

不會因為結了眾多的果實，人們就絕對會感到高興。
若是果實變得不美味，人們就不會感到喜悅。
終究結了適切的果實的數量，
並且又是美味的果實，才算是好事。
有時豐收、有時歉收，
左右搖擺、上下浮動，
對於人來說都不是好事。
總是能夠呼應人們的期待，
結出適切的量、適切的味道的果實，
才算是好事。
切勿忘記如此想法。
所有事物的成功，是否適切是很重要的。
任何事情，都不能做得過度、過分。
過度放鬆也不可以。

所謂的中道之道，絕非僅是一時的，
那是為了開創無限成功之道。
必須要經常回顧現今自己所做的工作，
檢視是否有哪些地方需要調回至適切的方向。
檢視是否適切，
這就是所謂的進入中道。
此外，知足亦是進入中道的方法之一。
對此，不可忘記。
人往往會在裝飾外表上下功夫。
追求表面上的成功、浮利。
不可忘記，
虛浮的利益、虛浮的榮華、虛浮的裝飾，
無法讓靈魂獲得真正的富足。

從中道走向發展

在成功之際，要冷靜地看待事物。
此外，在失敗之際，要勉勵己心而過。
這是避免走向兩極端，進入中道的方法。
愚者在成功之時，
會變得自我擴張、桀傲不遜，
不斷地說出目中無人的話語。
進而在自己的周遭環境變得惡化時，
一下子便陷入失敗的深淵，
誰也不願伸出援手。
此外，若是在失意之時，
變得自甘墮落，終日牢騷不止的話，
同樣也是不會有人願意與此人來往。
因此，即使自己身陷失意深淵，
也要努力追求希望之光，

國家的中道

勉勵自己，活得更為堅強。
當你向前踏出強而有力的第一步、第二步、第三步時，
漸漸地就會得到周遭人們的認同，
進而就能再次重返美好的中道、黃金之道。
所謂的成功，大概就是這般模樣。
人們啊！
要以經常走在中道為宗旨。
要以中道為宗旨，要以從中道走向發展為宗旨。
無論是在政治或經濟，
都要以中道為宗旨，以從中道走向發展為宗旨。
這是一條對萬眾無害、關愛萬眾、
讓萬眾幸福之道。

到目前為止，

或許你們認為中道的原理，
僅適用於個人的心的原理。
或許僅將心的原理視為中道的原理，
僅將小乘的原理視為中道的原理。
但是，中道的原理超越了小乘，
亦是能適用於大乘世界的原理。
就像在每個人的生活當中，
如此中道的人生態度十分重要一樣，
在偌大的社會、國家層級，
如此中道的態度，今後也將變得重要。
在國際關係當中，
現今國與國之間的衝突日益加劇，
變成了一個棘手的問題。
此時若沒有思考的準則是不行的。

那般思考的準則，終究就是中道。
調整日本與美國、日本與他國之間利害關係的最大關鍵，
終究在於中道。

若是僅想追求本國的利益、排除他國的利益，
就很容易形成只要自己國家富裕就好的想法，
但結果不會如願。
因為若是本國富裕，他國漸漸衰退的話，
國際性的貿易就終將無法成立。
唯有他國也富裕、本國也富裕，
才會出現美好的世界，
美好的國際經濟才會出現。
不可誤解如此道理，
僅是追求自己國家的利益。
日本這個國家，現在正處於狹隘的心理當中。

如此狹隘的心理，衍生出只追求本國利益的傾向。

對此很容易在認識上產生誤解，
就是不能單純地只追求自己國家的利益。
日本，正處於狹隘的心理之中，
狹小的心境自會出現單純追求本國利益的傾向。
這樣是不行的。
必須抱持更博大的愛心。
對於過去鍛鍊本國、指導本國的其他前輩國家，
更加表達敬意才行。
此外，對於把本國作為目標、理想，跟隨於後的國家，
必須要更加施予師者之愛才行。
必須要窮盡作為師者的教育。
必須要窮盡作為師者的指導。

這是理所當然。
不可忘記過去先進國家給予日本之恩。
不正是因為那些先進國家，
將其思想、文化、經濟原理，
教導給這名為日本的國家，
才足以發展至今嗎？
既然如此，自己現在站在指導者的立場時，
就必須要思考該如何報恩。
若是自己已經超越了那些前輩國家，
不可忘記對那些國家的禮儀。
對於他們也必須要予以協助。
不可驕傲於自己的力量已處於優勢。
不可因此驕傲、自大。
就像過去先進國家如何對待日本那樣，

現在日本不是可以給出眾多恩惠嗎？
若是先進國家害怕被日本視為競爭對手、
害怕被日本超越，
進而對發展中國家的援助、支援、教育有所節制的話，
那就是國家的一種自我保存的行徑。
所有繁榮、發展的原理都在於中道，
源自中道的發展，
對此不可忘記。
現今，要從國際性的廣大視野，
以中道的理論思索政治、經濟才行。
不可過於考慮本國的利益、本國的權益。
不可忘記，唯有能夠利他，自己才能生存下去。
這是我想再三提醒的道理。

第五章

忍耐和成功

沉靜地進取

諸比丘、比丘尼啊！
今天我要向你們講述關於忍耐與成功的話題，
這是一個非常重要的內容。

我應該曾反覆地教導你們要捨棄執著。
在各種執著中，
最會讓你們離成功越來越遠，
即是對於時間的執著。
這種對於時間的執著，即稱為焦躁。
你們會經常因為焦躁而痛苦。
你們會經常因為這名為焦躁的執著而迷惘。
你們會經常因為這名為焦躁的執著而成為俘虜。

人們啊！

焦躁正是人生當中的敵人。
沉靜地向前方邁進之人，能夠走得遠。
沉著地往前方邁進之人，能馳騁千里。
在路上張羅旗鼓之人，無法走向遠方。
那是因為喧鬧之聲，定會招來看熱鬧的人們，
自己的注意力便轉向別人，
只顧談話，卻忘記了原本旅行的目的。

因此，人們啊！
若想盡快前進，就須沉靜行走。
若目的地位於遠處，行走時就要迅速沉穩。
深沉地、安靜地行走。
屆時，絕不可焦躁。
絕不可著急。

可曾想過，那焦躁的情緒從何而來？
那焦躁的情緒，終究是來自於自己想要盡快獲得成果。
終究是來自於希望能省點努力，
但又想要比他人早得到必須付出努力才能獲得的成果。

人們啊！要銘記在心啊！。
如果你們在人生當中出現了迷惘，
屆時就要深呼吸問問自己，
這個迷惘是否來自焦躁，
是否正是因為焦躁，進而產生了迷惘，
這迷惘的根源，是否就是焦躁？
自己為何會焦躁？
自己為何會著急？
自己為何會慌亂？

試著想想，那些焦躁是沒有什麼實際根據、實際理由的。
焦躁的根源總是很類似，
你總是因為沒有實際根據的事情而焦躁。
隨著時間的經過，
你總是會漠然地感到會不會有災難臨頭，
會不會將來出現不安之事傷害自己。
或許，焦躁的原因出自於這般恐懼。
如此恐懼於是否會出現傷害自己之事的不安感受，
或許即是焦躁的根源。

人們啊！試著仔細地想想吧！
你們人生的使命，到底何在？
你們人生的目的，到底何在？
如此一來，你們必定會有所發現。

你們在這地上，
絕對不是把倉促地度過人生作為目標。
若僅是走馬看花，
將無法品味人生。
達到精神成長的頂峰，
並非是真正重要之事。
不可害怕於人生平坦。
不可害怕於人生平凡。
不可因一時的流行，而讓己心動搖。
不可妥協於世俗的常識。
不可因世人的話語而感到迷惑。
此外，不可因那些說著深愛著你們的人們的想法，
進而感到迷惘。

孤獨之時

在道路上前進時，要沉靜向前；
在道路上行走時，要沉靜向前。
不要讓自己的腳步聲引來眾人的目光。
沒有必要去告訴別人，自己即將要開始遠行。
不，你不可以告訴別人，自己即將遠行。
若你告訴他人你將遠行，
或許會出現妨礙你前行之人。
那未必是惡意的妨礙，
有時是出自於善意的妨礙。
會有很多人跟你說，
遠行會出現危險，最好還是放棄比較好。

但是，諸比丘、比丘尼啊！
你們已經踏上了修行之路。

既然已經是走在修行之路，
就要堅強起來。
要在長久的旅途中獨自忍耐，
要培養忍耐孤獨的實力。
於人生當中勝利的關鍵，
其實就在於忍受這般孤獨。
失敗於忍受孤獨之人，
不可能獲得真正的成功。
那是因為，真正的成功到來之前，
必有孤獨的時期。
在孤獨過後，
有時會出現熱鬧的時期。
但是，在成功之前必會經歷孤獨，
這是永恆的真理。

要如何承受那孤獨，
即是一個課題。

成功之前的孤獨，
時期有長有短。
亦有著承受一、二十年的孤獨之人，
但是，不可畏懼，不可對孤獨感到畏懼。
不可忘記，
當你處於孤獨之時，
佛總是在你身旁。
不可忘記，
在你一人獨坐之際，
那偉大存在亦坐在你的身旁。

你們並不孤獨。
你們並非盡是孤獨。
現在你們的靈魂正獲得鍛鍊。
你們的靈魂即將綻放光芒。
靈魂深處的光芒即將爆發。
年輕人們啊！不可對孤獨感到恐懼。
在孤獨當中，你們的靈魂才有成長的機會。
能否忍耐這孤獨的時間，
即是在考驗你是否虛有其名。
年輕人啊！不可僅是謀求歡樂。
在人群之間，不可僅是追求熱鬧。
不可盡是想要吸引他人目光，
盡是謀求他人的稱讚。
在孤獨的時間當中，

有著能讓你們永恆成長的存在。
要掌握那讓你們能永恆成長的存在。
若是能掌握那永恆的存在，
你們即會轉變。
不，是非變不可。
你們會看到自己有一百八十度的轉變。
並且，你們會遇到那偉大的時刻、
偉大的瞬間、偉大的生命。
唯有克服那般孤獨，
才會出現真正的勇者。

邁向成功之道

我想要進一步提醒你們。
你們一定會對於成功感到憧憬。
每天一定會對於成功感到憧憬。

每天一定都在持續思索何謂成功。
但是，所謂的成功，
和你們所認識的成功，
或許有著相當大的距離。
又或者，所謂的成功，
其實就存在於各位身邊。
關於成功，
可能沒有特定的定義。
但是，我要提醒你們。
為了能說真正地獲得了成功，
就有幾個必須符合的條件。

①經常維持心境的平靜

如果是心煩意亂的成功，就還不能說是成功。
心境必須經常維持穩定、沉靜。

②勿招嫉妒

心境必須經常維持平靜、沒有任何執著。
如果因為成功，而使執著變得更多的話，
那般成功就並非是真正的成功。
我是如此認為的。

成功之後，
心境變得更加平穩；
心境變得更加平靜；
心境變得更加豐富，
並且能夠為更多的人們著想，
那般成功才是真正的成功。

在走向成功的路途中，
若是製造了眾多人際關係的糾葛、束縛，
遭到他人的憎恨、嫉妒的話，

就還不能說獲得了真正的成功。
因此，我向你們提醒為了獲得成功的第二個條件。
那即是，切不可引起他人的嫉妒。
從古至今，
未曾有過遭到人們的嫉妒，還獲得了大成功之人。
乍看之下，雖看似獲得了成功，
但遭到他人嫉妒者，大多遲早會沉於沒落的深淵。
是的，之所以會招致人們嫉妒，
那是因為你們的成功，
其實是壓在他人的頭上取得的，
是站在他人的肩膀上取得的，
是在增加了他人負擔的情況下，之後你才獲得成功的。
如果你們的成功，
幫助了他人卸下重擔，讓他人的生活過得舒服，

讓他人獲得了幸福，
那般成功就絕對不會遭致他人的嫉妒，
就不會遭致他人的憎恨。
但是，若是有任何一個人，嫉妒你們的成功，
就必須知道自己的德還不足。
德不足，代表著什麼呢？
那就是有人因為你的成功，
感覺到自己有所損失。
或者是，有人覺得你的成功是不正當的。
又或者是，有人不想要承認你的成功。
不可以是那般模樣的成功。
真正的成功，
必須是自然而然地由眾人支持而成就的。
真正的成功，

不應是出自於自己的意圖，
而是自然而然地出現那般結果的。
真正的成功，
必須是受到了眾人的感謝，
若沒有受到眾人的感謝，
那麼就不是真正的成功。
我是如此認為的。

③覺悟的芳香

我再接續著講述成功的第三個條件。
至今我講述了己心的平靜以及不遭他人嫉妒的重要，
除此之外，尚有為了獲得成功的重要態度。
那即是，你們必須要增強靈魂的光輝。
能明白增強靈魂光輝的意思嗎？
那就是，必須要讓覺悟散發出芳香。

必須要飄散出覺悟的氣息。
覺悟的芳香、靈魂的光輝，到底是什麼呢？
對此你們能夠明白嗎？
我要提醒你們。
覺悟的芳香，
是想要也要不到的，
是想奪也奪不來的。
覺悟的芳香，
是不奪而獲、無欲而得的。
就像拿著網子，
追著撲捉蝴蝶一樣，
蝴蝶必定會往高處飛走。
但若你停著不動，
蝴蝶反倒會自然地停在你肩上歇息。

葉笛之聲

就像這樣，
覺悟會與此人的意圖相反，
非常自然地出現。
並且，那般芳醇的清香，
會滋潤此人及周遭人們的心田。

我試著從不同角度來述說這個道理。

從前，某個地方曾有個身高大約兩米五的大漢。
當他走在街上，所有的人看到他的面孔時都很害怕，紛紛躲回家中並關上門閂，再從窗戶縫裡窺視著他遠去的身影。
這個大漢的額頭上纏繞著頭巾，手腕戴著金手鐲，皮膚赤銅色，下半身穿的是難以形容的灰色褲子。並且，腳踝上還戴著枷鎖，讓人聯想大漢是從某個地方逃出來的。
這個大漢有著驚人的力量，能夠輕鬆地制伏一、二隻馬匹。一旦他使出怪力，必定能摧毀木造的房屋。就連動物們在大漢路過時，也會因害怕被他擰斷脖子，而嚇得悲鳴並四處逃竄。
為了對付這名大漢，村裡的長老們聚在一起討論。
「難道就沒有辦法對付這個大漢嗎？難道就沒有辦法能夠阻止他嗎？」
一連討論了三天三夜，但也沒有得出什麼結論。
這時有位長老提議：
「既然得不出什麼結論，乾脆就生擒這個大漢，把他趕到村外，不就解決了嗎？」
其他人聽了便問：
「沒錯！生擒大漢，趕出了村，當然就安全了，但是萬一大漢回過頭來再次進村的話，又該怎麼辦呢？」

「但你能知道他什麼時候會再進村嗎？總是擔心他進村的話，會在心中種下不安的種子的。」

「這些都是廢話，想活捉談何容易，誰有那種勇氣？」

「唉！要想讓大漢不再回來，儘管會觸犯殺戒，還是得狠下心把他殺掉……」

討論的內容，轉向到如何去殺掉大漢。雖說想殺大漢，不過若是失手，大漢發起狂來，村裡幾十人或許會被殺死。如果用弓箭射的話，是否能射穿那如鋼似鐵的身體呢？即使是射傷了大漢，搞不好他一點也不感覺到痛。或許可以設下陷阱，但是又怕被識破，反壞了事。

眾說紛紜，沒有什麼好主意。

「真是傷腦筋啊」、「真不知該如何是好」。

這時有位年輕的女子，看到這種情形後便開口說道：

「不知各位是否願意聆聽我的意見，其實我有一個好方法，能讓我來試試看嗎？」

這實在出乎了長老們的意外，他們不知年輕的女子要用什麼方法對付大漢，怎麼猜也猜不出來。

「請交給我辦吧！我有辦法不再讓大漢莽撞。」

「如果有那麼簡單就好了，可是也沒有比這個更好的辦法了，大家的意下如何？」

長老們的議論也沒有找到解決方法，最後只好採用這個年輕女子的意見，委託她來處理。

這名年輕女子，有一個差不多五歲的兒子。這個小男孩雖然還不會做事，卻很擅長吹奏葉笛。這位年輕聰慧的母親認為，自己的孩子吹響了草笛，就能馴服大漢。

次日，大漢像往常一樣，從街外向街中心闖過來，碰碰碰的腳步聲，一時間塵土飛揚，街上人們四處躲避。他們不知今天會輪到哪裡遭殃、誰會倒霉。就在人們爭相逃跑的時候，那對母子站在廣場中央，逃也不逃。

人們為他們擔心：「這哪能阻擋大漢啊！不被他吃掉才怪呢！」

像魔鬼一樣的大漢霎時來到了面前，一如預期，他根本就沒把這對母子放在眼裡，伸手就要抓。

「糟糕了！」人們幾乎停止了呼吸。

但是，這位母親卻冷靜地向自己的孩子輕輕點頭示意，只見小男孩從懷裡掏出了葉子，放在嘴唇上吹了起來，「嘟嘟、嘟嘟」的葉笛聲，激起了大漢難以言喻的感情。

大漢一邊聽一邊想：「這是多麼熟悉的聲音啊！這是很熟悉的聲音，我曾經聽過這個聲音。」

這位母親看透了一切，她認為這個大漢一定是從印度來的，而且曾經有過做僕人的身世。當時有地位的主人，一定是用音樂調和了這名性格魯莽的大漢。
的確如此，大漢在逃出來之前，曾經是一個僕人，主人是個身材矮小的年輕人，他會用笛聲來馴服大漢。因此，小男孩的葉笛讓大漢回想起許久沒有聽到的聲音。
千頭萬緒湧上了大漢心頭，不禁落下了大把淚水。
「大漢聽了五歲小男孩的笛聲竟哭了？」
村裡的人看到了這個場面全都呆住了。
「怎麼回事啊？原來大漢也並不是那麼壞，聽了葉笛聲會流淚的人，不會是那樣壞的人啊。」
人們戰戰兢兢地打開了門窗，三三兩兩地聚集過來，村子的廣場上逐漸擠滿了人群。
「原來以為大漢只會為非作歹、一無是處，沒想到卻有一顆理解音樂的善良之心。大家何不一起來吹葉笛呢？」
人們都拿起葉笛吹了起來。大漢開始只是哭，隨後漸漸地露出了笑臉，和村裡的人們一起跳起舞來。
人們透過葉笛聲，知道了大漢也同樣擁有一顆和藹的心，緊張不安也就隨之消失了。
之後，大漢成了這個村子的村民，他護村禦敵，村裡的人們也經常吹吹葉笛，讓大漢開心。
這段和平的故事，成了人人相傳的佳話。

平凡當中的覺悟

你們能明白我引用這個故事，是為了說明什麼嗎？
這個大漢和村民，絕對不是指別人，
而是住在你們心中的居民。

在你們的心中，
就住著一個像這樣無法馴服的大漢。
此外，在你們的心中，

也住著一個害怕著大漢的膽小自己。
每一個人的心中，皆是如此。
雖想統御己心，
己心卻總是被欲望迷惑。
那被欲望迷惑的心，
看到了異性，心就狂亂，
看到了金錢，心就錯亂，
看到了別人有著自己沒有的東西，心就失常，
聽到了他人變得幸福的時候，心就動盪。
每一個人有著像是颱風一樣，無法統御的心。
這無法統御的心，
就像是那狂暴的大漢。
但是，這無法統御的大漢，
過去腳上戴著枷鎖的時候，

的確曾經被某人統御、馴服。
在大漢的心裡，仍有著對於往日的懷念之情。
若能喚起那懷念之情，
若能使其聽到那懷念的葉笛聲，
即能夠讓這大漢變得溫和可親。
即使是體衰力弱之輩，
也可統御這個大漢。

是的，
首先必須消除恐懼的心理，
切勿認為自己無法控制己心。
切勿認為自己會被惡魔操縱、控制。
必須認識到自己必定能夠統御己心。
並且，統御的方法絕非是透過蠻力，

不是透過威脅或傷害的手段來統御。

你們能否明白我在說什麼呢？

我在說，

透過讓肉體痛苦的苦行，

是無法達到統御己心的目的的。

透過斷食、沖瀑布等難行、苦行，

試圖安撫、控制己心，

就好像是在用弓箭或陷阱來降伏大漢，

結果只會適得其反，

大漢會變得更凶暴，

心反而變得更不自由。

切勿這樣做，

若能用更平和、更細膩、更輕柔的方法，
即能夠統御己心。

總而言之，
我想要說的是，
覺悟並非存在於非凡的世界裡，
覺悟並非存在於非凡的經驗中。
在每天平凡的生活中，
其實就存在著邁向覺悟的機緣、
邁向覺悟之道。
並且，平凡的每一天當中的覺悟，
其實就在於看似微不足道的發現之中。
那微不足道的發現是什麼呢？
那即是過去我們在實在界、天上界的時候，

所熟知的音色。
要想起那個聲音。
我們為了要達到那般覺悟，
就必須想起在實在界時曾品味過的音色。
那非常重要。
什麼是在實在界時曾品味過的音色呢？
那即是對於他人的溫柔心境。
也是對於他人的祝福之心。
此外，也是不讓欲望過甚的知足之心。
抑或是相互和睦、相互協力、相互勉勵的樣子。
那絕對不是只顧個人幸福的自私之心，
也不是只顧滿足私欲的樣貌。
那是一種充滿無限透明、無比溫和、無比溫暖的心境。

是的，那樣的世界即是天國。
雖然轉生在這世間，
亦要每天回想起天國而過，
要每天在心中描繪天國的生活情景。
如此一來，
屆時你就等於在吹著那輕柔的葉笛。
你要經常地描繪那和諧的世界而度日。
那個大漢必定會安靜下來，
變得不再是你們的敵人。
甚至會成為你們的夥伴，
變成你們的幫手，
形成一股非常重要的力量。

忍耐與德

現在我所講述的都是很平凡的事情，

在平凡當中即有著覺悟的芳香。
那麼，這作為成功條件的覺悟芳香、靈魂閃耀的感覺，
又與忍耐有著何種關係呢？
忍耐與成功之間，
是藉由平凡相連結在一起。
在非凡的日子、非凡的生活中，
或許忍耐不會發揮那麼大的作用。
但是，每天過著平凡的日子，
就必須要有著無限的忍耐了，
度過平凡的日子，需要無限度的忍耐。
在平凡的日子中，
每天憶起天國時懷念的情景，
並且將其作為理想而過，
這是無比困難之事。

但是，那般絕不懈怠的努力，
正是能夠讓人永恆的進步。
在修行的過程中，
一躍則獲得覺悟，是困難之事。
一躍則有巨大進步，亦是困難之事。
即使沒有讀完一整本書，
就算只有讀完一行內容，
若能每天確認自己向前前進了一步，
那將成為自己打開偉大未來的關鍵。
成功需要忍耐，
經過了忍耐而得的成功，
絕對不會遭到他人的嫉妒。
那是因為此人所耗費的努力，
得到了他人的尊敬。

就像這樣，透過忍耐而得的成功，
必定會綻放名為「德」的光芒。
這個德具備著能完全消除他人的嫉妒心、
偏見的解毒劑的效果。
所有的成功者，
都必須藉由忍耐而養成自身之德。
如此一來，其努力必定會有所回報，
並且會出現餘德。

第六章

何謂輪迴轉生

輪迴轉生的思想

諸比丘、比丘尼啊！
今天我要和你們講述令人感到懷念的內容。

關於輪迴轉生，過去你們必定學習過無數次。
但是，這個輪迴轉生的思想在這地上已荒廢許久。
不，與其說是荒廢，
不如說人們只是把它當作是過去的比喻或笑話。
更可嘆的是，
繼承了我的教義的佛教僧侶們，
也未必能如實地掌握這輪迴轉生的思想。
不，不如說不相信的人反而變得越來越多。

諸比丘、比丘尼啊！
你們要用心學習。

降生於今世的你們，
應該有著各種不同思考方式。
那些思考方式，
是透過你們接受的教育、歷經各種體驗，
才逐步形成的。

但是，我要提醒你們。
這個世間，
對於你們的覺悟來說，是一個極其嚴酷的修行之地。
無論在何種時代，都和我一起轉生在地上的你們，
都選擇了嚴酷的環境而生。
然而，今世的日本，
是比過去的印度還要嚴酷的環境。
在印度，還有著尊崇傳統佛神的習慣。

此外，也相信有死後的世界。
但在日本，即使在形式上相信，
然而在生活中卻不是那麼一回事。
嘲笑死後的世界、輪迴轉生之事實的眾多人們，
不會想要主動去了解那真相，
僅是從自己出生之後的知識、經驗來判斷。
但是，從那些知識、經驗，到底能了解多少真相。

諸比丘、比丘尼啊！
要仔細聆聽我的話語。
你們在這世間不可感到害怕。
不可感到膽怯。
不可感到恐懼。
不可思量自己要如何才能過得輕鬆。

對此不可做多餘的考慮。

諸比丘、比丘尼啊！
你們是否以自己身為佛弟子感到自豪？
你們是否以為了真理而活感到自豪？
你們是否以為了佛法真理而活感到自豪？
如果你們尚有著以為了真理而活感到自豪之心的話，
就要好好地聆聽我的話語。

地上的人們嘲笑有死後的世界，
並且視若無睹。
此外，若是有人開口講述死後的世界，
便將此人稱作狂人、怪人。
有著正心、清心、知曉真實世界存在的人，

在這地上會過得非常艱辛，
有時會遭到嘲笑、中傷、責難、謾罵。

將來也會出現因為相信了我的話語，
而遭遇那般待遇的人們。
但是，我要提醒你們。
如果是因為我而遭受了傷害，
那傷口終將變成偉大的榮光。
如果是因為我而遭受了侮辱，
那侮辱終將變成崇高的天的回報。
即使是因為我而倒地，
你那偉大的心念，
終將會感動天上的諸天善神，
落下歡喜的淚珠。

諸比丘、比丘尼啊！
你們不可太過於在意世俗的體面。
你們不可太過於感到害羞。
你們不可太過於奢求世人的尊敬。
你們要樂於置身在不受他人尊敬的立場，
你們要樂於置身在遭受冷眼的立場。
為了佛法真理，
為了佛的教義，
你們曾在幾十次、幾百次、幾千次的輪迴轉生過程中，
持續接受我的教導。
並且，為了能得到我的教導，
過去你們經歷了無數苦難、困難。
既然你們是如此堅強，
時至今日，有什麼值得膽怯？

時至今日，有什麼值得畏懼？
到底有什麼好害怕的？

諸比丘、比丘尼啊！
你們是如此可愛，
我不忍看到你們感到痛苦。
我無法默視你們流下眼淚。
如果是因為遵守了我的教義，
才讓你們受傷、煩惱、痛苦的話，
要知道，
屆時我也與你們一同煩惱、痛苦著，
我必定會看到你們的淚水。
我必定會與你們一同痛苦。
我必定會與你們一同煩惱。

知尊貴

我必定會與你們一同背負艱難困苦。

諸比丘、比丘尼啊！
無論地上有著何種權威之人加以否定，
無論地上有著何種身份之人加以否定，
無論地上有著何種知識之人加以否定，
但是，我的真理教義沒有任何錯誤。
人有著永恆的靈魂，
存在於轉生輪迴的過程中。
如此真理，任誰都無法否定。
否定如此真理，
就等於否定佛心，
就等於否定佛的存在。
否定佛的存在，

就等於否定佛所創造的世界，
以及否定佛所創造的人類。
換言之，那就等於人自己否定了自己的存在。

但是，想想看啊！那不是很羞恥的事嗎？
為何要害怕相信自己是佛所創造，
被賦予了永恆靈魂之人的事實呢？
為何認為那是奇妙的事呢？
為何認為那是愚蠢的事呢？
為何覺得相信人類是從阿米巴原蟲演化過來的，
是那麼尊貴的事呢？
為何覺得相信人類是從物質的結合而出現的，
是那麼尊貴的事呢？
不可說愚笨的話語。

那麼一來，人是哪裡尊貴了呢？
人之所以尊貴，起因於宿於人類內在的靈魂。
宿於人類內在的靈魂，
即是佛分歧而出的生命、佛所創造而出的生命。
那才是人的尊貴所在。
不懂如此尊貴之人，
就完全不明白一切的善。
就完全不明白一切的美。
就完全不明白一切的真理。
不明白一切的善、一切的美、一切的真理的人，
既是人也不是人。
那僅是只有人類的外型。
作為人，生於地上，在地上生活的過程中，
最重要的即是知道自己的尊貴。

最大的真理

要從在這地上的體驗當中，感受到所謂的尊貴。
自己被賦予了生命的尊貴，
萬物被賦予了生命的尊貴，
佛所創造的這個世界的尊貴，
對此要強烈地、強烈地感受才行。

諸比丘、比丘尼啊！
我非常悲傷。
你們似乎對於宗教，感到非常的恐懼，
你們似乎非常害怕，被別人說是迷信。
但是，我要提醒你們。
事實就是事實，真實就是真實，
任何人都無法加以扭曲。
即使有人嘲笑、否定、批判、誹謗你們，

你們要認識到他們什麼都不知道。
一無所知的他們，
無法批判知曉事實的你們。
人是無法說出自己知識範圍以外的事。
人是無法表達超出自己認識能力以外的見解。

即使是共同生於相同的時代、相同的區域、相同的立場，
但每個靈魂的境遇皆各有不同。
因為在永恆進化的過程中，
每個靈魂的進化速度各有快慢。
在地上的期間，難以得知如此事實。
不，在這世間反倒是相反的狀況比較多。
在這世間，想要過得舒適的人、
想要過得更好的人、

想要活得更舒服的人，
會有著被重用的傾向。
因此，相信有靈界的存在，盼望能得來世幸福的人，
反倒會在世間活得不順遂。

但是，鼓起勇氣吧！
知真理之人，必須堅強起來！
知真理之人，不可以懦弱！
不可屈服於毒舌之人的批判。
不可屈服於只了解表面之人的批判。
真實就是真實，事實就是事實。
世俗的常識無法做為不變的衡量尺度。

諸比丘、比丘尼啊！

我必須向你們強調。
你們最基本的工作，
即是要教導人們，
人有著永恆生命，
並且是轉生輪迴在靈界與世間的存在。
其實，如此思想，
正是作為人出生、成長的過程中，
所發現的最大的真理。
不管學習多少世俗的真理，
其價值都無法與如此真理比擬。
從真實的真理來看，
世俗的真理真的像是欺騙小孩的內容。
人活於永恆的生命當中、存在於輪迴轉生當中，
知道如此事實時，人們的價值觀就不得不有所改變。

幸運之人

人們的價值觀會有一百八十度的變化。
換句話說，人們會用更長久的時間，
來看待、思考自己的人生。

沒有受到任何人的強制，
沒有遭到任何外來的壓力，
沒有經過特殊的學習，
即能夠自然地相信靈界的存在，
即能夠相信輪迴轉生之人，
是幸運之人。
在這些人們的靈魂記憶中，
尚存有過去世的樣子。
在靈魂比較淺層的地方，
尚留著佛法真理的印跡。

如此之人是幸運的。
絕對有眾多人們，
在過去的轉生當中，
受到了佛法的薰陶。
正是因為在過去的轉生當中，
學習到了佛法，
所以在今世才能較快理解何為事實。

諸比丘、比丘尼啊！
你們進入修行之道，
必定尚未歷經長久的歲月。
然而，你們卻能如此早期遇見了佛法真理、
得到了佛法真理之緣，
並且步上了通往覺悟之道，

對此要抱持感謝。
遇見了佛法真理，得到了佛法真理之緣，
進而能開始走在覺悟之道上，
這是轉生作為人來說，最大的幸福。
你們必須要時刻在心中提醒自己，
自己是個幸福之人。

無論累積了多少世間的財富，
無論累積了多少世間的名譽，
無論累積了多少世間的地位、頭銜、權勢，
這世間的所有東西，
都無法與如此幸福相比。
無論用多少世間的幸福、金銀財寶來交換，
都不可將如此幸福讓出。

接觸佛法真理之緣、步上覺悟之道之人的幸福，
是沒有任何一物可比擬的。
如果你們踏入了佛法真理之道，
踏入了獲得覺悟之道，
並且想要成就那般幸福的話，
對任何事物都不可感到害怕。
你們要捨棄對於經濟的害怕。
你們要捨棄對於不被他人關愛的害怕。
你們要捨棄對於不被他人尊敬的害怕。
你們要捨棄對於他人不認為你是優秀之人的害怕。
絕對不可害怕。
在步行於邁向覺悟之道的途中，
若是知道那幸福是何等尊貴的話，
就須明白這世俗的任何事物，

已變得完全無所謂了。
那些事物終將逝去。
那些事物終將消失。

幸福之路

因此，

諸比丘、比丘尼啊！
如果你們在世間興起了各種迷惑，
苦於必須要做出各種判斷，
屆時，首先要選擇走上探究覺悟之道。
除此以外之事，不可做過多的考慮。
不可對自己的生活、
自己的地位、名譽做過多的考慮。
雖然捨去了那些事物，但遲早還會再度出現。
然而，如果捨棄了覺悟之道，

想再回頭，就極為困難。

諸比丘、比丘尼啊！
我要慎重地提醒你們。
要回憶起我的這番話語啊！
你們是否知道，
與佛轉生在同一個時代，是何等困難之事！
在佛下生於世之時，能與佛同生同在，
是難以言喻的幸福！
在那樣的時代，
在那樣的地區，
能夠和佛在同一個世代，
一同轉生於世之人，實在幸運。
此外，活在世間之時能遇見佛，亦是稀有之事。

更甚至，能夠遇見，又能被賜予覺悟，
那更是稀有之事。
為了獲得這偉大的幸福，
你們必須要抱持不惜一切的心境。
即使捨棄其他所有的東西，都要踏入此道。
這是你們不可忘卻之事。
在這世間你們握住的各種執著，
待離開這世間之際，所有都將變得虛無。
那些東西是帶不走的。
不管是什麼樣的人，要活超過百歲都很困難。
屆時，要知道能夠帶得走的，
要知道離開地上之際能夠帶得走的，到底為何。
離開地上之際能帶走的，就只有心。
若是只能帶得走心的話，

每日的發現
每日的感動

除了讓心充滿幸福之外，別無其他。
為了讓心能夠充滿幸福，
就必須要品嘗到覺悟的喜悅。
若能品嘗到覺悟的喜悅，心感受到幸福，
那麼就能說這輩子獲得了成功。
為了那般幸福，賭上一切吧！

然而，我要提醒你們，
很多人能夠在一時之間抱持那般心境。
為了佛、為了佛的教義，並且為了自身的覺悟，
一時之間產生賭上身命的情緒，
並非是那麼困難之事。
但是，十中八九之人，
不久之後便會忘記當時的感激，

埋沒在平凡的生活當中。
切記，
當忘記了那感激和尊貴之時，
自己即會開始墮落，
像是在平凡的河邊，數著石頭。
聽清楚了，
邁向修行之道即在每日的發現、每日的感動。
如果你對此變得無感的話，
就不得不說你出現了慢心。
慢心之人，無法通過覺悟之門。
慢心之人，會被趕出覺悟之門。
被趕出覺悟之門的人，
終將又會走回老路。

今世和來世

諸比丘、比丘尼啊！
這就是人生的勝利。
一時的決心，任何人都能做到，
但是要堅持那份決心卻很困難。
能夠堅持那決心之人，
即能到達偉大的境地。
當達到不退轉的境地時，
天與地即會為你祝福。

諸比丘、比丘尼啊！
要繼續聽我言。
你們的幸福不只僅侷限於今世。
你們在今世體會到的幸福，
在離開世間之後，

何種世界在等待著各位，
會以明確的方式表現出來。
你們在今世所得的心境，
決定了你們於來世住在何種世界。
你們已經學習到了，
在被稱為天國的世界中，
亦有著各式各樣的境地。
當然，在天國之下還有著地獄世界。
而在地獄世界之上，亦有著身處於迷界之人們。
在那之上，還有著善人的世界，
再往上則是優秀的高級靈的世界。
那世界區分為幾層、幾十層，
住在那世界當中的人們，都不知道到底細分成幾層。
但是，這終究是事實。

你們稱作天界的世界，
亦是區分為眾多層次。
依照人心的不同，而有不同的區分。

在地上生活之時，
你們依據身體的美醜，
或者是透過了身體，
實現了自我，
進而出現了各式各樣的結果。
但是在來世等待著你們的世界，
全都依據你們的心境高低而有所不同。
心境高，則去高的世界；
心境低，則去低的世界。
要知道，除此之外沒有別的基準。

然而，要留意的是，
前往地獄的人，
並非盡是在世間沒有獲得成功之人。

有眾多人們即使在世間成功，
最後還是前往了地獄。
這些人們不會祝福他人的幸福，
盡是謀求自己的幸福。
不，這些透過犧牲他人，
來達成自己的幸福、只追求自己幸福的人們，
最後都在地獄界當中承受著痛苦。

那些痛苦，
就是為了造就此人成功、受盡苦楚的他人，

所吶喊出來的怨恨與嘆息之聲。
生前，為了此人的成功而犧牲的人們，
他們那般悲苦的念波，
會轉而束縛此人。
不，應該要說，
生前讓眾多人們痛苦、悲傷的事實，
會喚醒此人靈魂的記憶，
繼而，此人的靈魂便需要為此消除其業。
心的世界就是如此。
人在世間之時，
或許因為自己還宿於肉體當中，
於是比較遲鈍、無法察覺到他人的感受。
然而，若在還擁有肉體之時，
就猶如離開了世間一般的敏感，

此人便會在有生之時就感受到地獄，
此人會感受到那般地獄的波動。
不過，也有人在經過了幾十年，
回到了靈界之後才開始感受到痛苦。
對此，無一人能加以嘲諷。
那是因為，那嘲諷之人本身，
最終有很高的可能性會淪為受苦之人。

你們必須將如此事實，傳達給地上的人們。
在這世間獲得成功之人，未必能回到高處天界。
這世間的地位高低，未必與來世的地位高低有所關聯。
反之，你們必須知道，在這世間的地位越高，
在跌落之際的痛楚就越是激烈。
當然，靈界中的天上界是個很美好的世界。

當然，人會前往那個與自身心境相應的世界，
但與地獄世界相比，
天界的任何地方都是美好的世界，
特別是在這世間過得清心、正直之人，
死後回到安詳的世界並非難事。
這樣的人會理所當然地，
回到那充滿著安詳、喜悅的世界。
反之，在世間之際即身處於煩惱、痛苦的旋渦當中，
又無法將那煩惱拭去之人，
回到靈界以後，還會持續苦於煩惱當中。
正因如此，
作為覺悟的第一個條件，
你們必須留意的是，
不可將煩惱和痛苦帶回來世。

希望的福音

換言之，
你們必須在今世、在此刻，
解開那迷惑、斬斷那煩惱、克服那痛苦。
抱著煩惱而離開世間之人，等待此人的即是煩惱的世界。
抱著苦惱而離開世間之人，等待此人的即是苦惱的世界。
抱著悲傷而離開世間之人，等待此人的即是悲傷的世界。
但是，
抱著喜悅而離開世間之人，等待此人的即是喜悅的世界。

既然如此，諸比丘、比丘尼啊！
首先，你們要將佛的教義作為學習中心，
要將佛的教義作為學習之柱。
要經常學習，讓己心吸收佛的教義，
並依據學到的內容，每天正確地度日。

每天正確度日，比任何事物都來得重要。
不可忘記，
要藉由佛法真理的知識統御己心。
不可忘記，
要藉由佛法真理的知識掌控自己。
知識有助於掌控自己的情緒。
你們絕大部分的錯誤，
都源自於你們的情感、情緒、思緒。
能夠加以統御的，即是正確的佛法真理知識。
你們必須要藉由正確的佛法真理知識，
去統御那般思緒及情感。

諸比丘、比丘尼啊！
不過，你們還有一個希望的福音，

你們要為這希望的福音之存在感到歡喜！
那即是，你們在今世所學習到的事物，
沒有一個是徒勞無益的。
你們在今世所學習到的事物，
或許有一些在今世是無用之學。
然而，你們在今世所學習到的事物，
必定會在今後、來世、來來世發揮作用。

你們離開世間之後，
將會在實在界度過幾百年，或者是更漫長的歲月。
隨之，在你們的靈魂開始渴望修行時，
你們將輪迴於世間，並在地上持有著肉體。
換言之，你們將重新誕生為新生兒並長大成人，
在那過程中，歷經各式各樣的煩惱。

也正因如此，
你們在今世的人生修行中所修得的成果，
必將有助於來世的修行。
那些成果絕對能引導你們至良善的方向。
既然如此，
今世所獲得的事物，就不僅止於今世的功德而已。
它必定會超越今世，
在來世、來來世讓你們幸福。

因此，
儘管在修行期間、在努力的過程當中會遭逢苦楚，
你們也不可將其視為苦。
那不僅是今世的成果。
那會成為從根本上改變你們靈魂的力量。

今世的修行將會使你們的靈魂，從根本上獲得力量。
既然現今正進行著如此尊貴的修行，
你們就不可感到膽怯。
你們可知精神的力量？
你們可知精進的力量？
即使是在人感到精疲力盡時，
只要再接再厲，
在心中所隱隱蘊藏的力量，
即會連續不斷地噴湧而出。
你們的力量是無窮的。
那是因為你們心中宿有著佛性。
當佛性的力量顯現於這世間時，那能量是無限的，
那光明是無限的。
在邁向佛的道路上，你們不會感到疲累。

你們不會感到倦怠。
你們也不會感到受傷。
即使你們在這地上，
學習佛的教義，弘揚佛的教義的過程中，
出現了讓你們感到煩惱、痛苦、疲累、倦怠的事，
那不斷累積努力的你們，
在離開這世間之時，
必定會被帶往光明與安詳的國度。
前方之路並不長遠，
短短數十年而已。
或者是幾年而已。
在那期間，你們不想試著為了這個教義而活嗎？
在那期間，你們不想試著體現這個教義而活嗎？
在那期間，你們不想根據這個教義徹底燃燒靈魂嗎？

人們啊！從此以後，
你們應體現這真實之法，日復一日地努力。
佛的教義，越是咀嚼就越知其味，
越是聆聽越知其味，
越是實踐就越是會散發出覺悟的芳香。
你們必須真正地瞭解何謂覺悟的味道。
無論你如何地閱讀文字、
無論你如何地聆聽音檔，
若是你無法將其真實地化為靈魂食糧的話，
那就像是無論銀湯匙如何舀湯，
其本身也不知湯品的味道一般。
你們必須成為一個能品嘗覺悟味道之人。
必須成為一個能嗅出覺悟味道之人。
必須成為一個能辨別出覺悟音色之人。

唯有如此，
你們才能稱為真正的修行者，
才能夠說眼前開啟了一條邁向覺悟之道。

第七章

信仰與建設佛國土之路

何謂佛神

諸位比丘、比丘尼，
終於我要和你們講述信仰。

你們當中應該有很多人有著信仰心。
但是，你們是否充分地領會那信仰心到底為何？
當然，在信仰之中，包含著朝向佛神的巨大意念。
若缺少如此意念，即構不成信仰。
不過，你們是否理解，
你們所信仰的佛神究竟是何種存在？
由於宗教在世界各地分歧為各種宗派，
又各自以各種名字稱己為神，
進而人們不知該對何者抱持信仰。

但是，諸比丘、比丘尼啊！

那多少也是有無可奈何的一面。
那是因為，
應稱其為大宇宙的大靈之佛，
是一個遙不可及的偉大存在。
並且，已經超越了人類的理解。
你們所能理解的佛神，
終究僅是透過你們的肉體、
你們的靈性知識、
你們的知覺所感知到的靈而已。
然而，
你們應該知道，
尚有一個遠遠超乎你們認識的世界。
也就是說，
有一種力量是超越你們所認識。

那股力量，包含著睿智。
那股力量，包含著光明。
那股力量，包含著愛。
那股力量，充滿著慈悲。
那股力量，充滿著建設性的意念。
那股力量，充滿著美麗的和諧。
綜合了一切良善事物的力量，
即稱之為佛的力量。

此外，
你們當中還有很多人，不理解佛與神之間的差異。
或許你們還可能認為不須講述其差異。
可能你們認為稱之為佛的即是佛教，
而神的概念即屬於基督教、日本神道等其他宗教。

然而，我必須要強調。
被稱為佛或神的存在當中，
含括了作為高級靈的佛神、作為人格神的佛神。
無論是稱之為佛，還是稱之為神，
皆是高級靈。
然而，尚有超越了高級靈的存在。
所謂高級靈，
可以說至少是過去曾在地上持有過肉體之人。
但是，創造了天地、創造了大宇宙之佛，
是不會宿於渺小的人的肉體當中進行靈魂修行。
從這層意義上而言，
有一個遠遠超越了人類的人格、
一個龐大意識的存在之說法是真實的。

對大宇宙大靈的感謝

這般說法，在某種意義上，
或許會削弱你們的信仰。
但是，希望你們能仔細聆聽。
瞭解真相，能讓你們充滿力量。
藉由瞭解真相，你們能更加確信，
進而萌發更宏大的皈依精神。

正因如此，
你們的信仰最先必須朝向統率著大宇宙的佛、
必須朝向統率著大宇宙的大靈意識、
必須朝向統率著大宇宙的宇宙之統合意識。
然而，這般大宇宙大靈並不持有著人格，
所以不是會聽取你們的心願、
或回應你們的煩惱之存在。

就像那太陽一樣，
那是會無盡地施予你們愛、光明、能量的佛。
因此，對於如此至高無上的佛，
你們要用那稱為感謝的信仰，加以回報。
每一天都要活在感謝之中。
要對那創造了大宇宙、使萬物得以生息、
萬物的養育之主的佛、大宇宙大靈，
獻上感謝。
我認為這即是活於世間之人的使命。

對高級靈的敬畏

話雖如此，
能夠實際教導、指導，並且愛護你們，
又能夠回答你們所煩惱的靈，
即是那已高度發展的高級靈。

關於其內容，你們過去應已學習眾多。
高級靈能以多樣之姿顯現於世，
若說當然那也當然。
就像光是在現代人所聽聞過的範圍當中，
在世界各地，
就存在著超越時代、超越地域之有著偉大人格之人一樣，
實在界當中的眾多高級靈，
也在這世間留名青史。
當然，即使是高級靈，
其所在之境界也不盡相同。
既有極為近似佛的境界之存在，
亦有比較貼近人類之存在。
就像這樣，根據不同的存在，

次元也會各有不同，
其生活的地方也會有所不同。
必須要承認有那般差異。
然而，雖然那差異儼然存在，
但不可否定的是，
這些被稱為神明的高級靈，
皆是優秀的存在。
即使在這地上出現了何等傑出的智者，
也永遠達不到他們那般的睿智。
對此務必要有所認識。
因此，你們必須對其表達敬意，抱持尊敬之念。
這是理所當然的禮儀。

我在先前說過，

你們要對那至高的大宇宙大靈，
抱持感謝之心並對其表達信仰。
對於那些高級靈們，
你們也應透過感謝及禮儀，
表達你們的信仰。
這禮儀意味著什麼呢？
那即是敬畏之心、敬畏之念。
切莫忘記，
要對高次元的存在、品德高尚之存在、
富含指導力、愛、慈悲之存在，
抱持敬畏之念。
在這地上，若是彼此之間的身份有所差異，
即難以直接相見對話。
同樣的，在那遠離於地上的世界當中，

有著遠遠地超越了，
尚須靈魂修行之世間之人的存在。
對於那般存在，
你們必須同樣的善盡禮儀。

這是因為，那是一個規則。
因為被稱之為人格大靈的諸存在，
曾經是世間人們的靈魂之父。
那是你們的靈魂之父、靈魂的老師。
對於這般靈魂的老師，
你們必須深深地表達感謝之意。
靈魂導師的工作，不僅侷限於今世而已。
過去，在反覆輪迴轉生的過程中，
靈魂的導師們確實地教導了你們眾多事物。

信仰的根本

正因為靈魂的導師們向你們教導了眾多事物，
你們現在才能如此幸福地生活。
你們現在才能免於走上錯誤之道。
此外，你們現在能夠活在深厚的信仰當中，
都是因為在過去屢次的轉生過程中，
那些高級靈們對你們的引導。
對於那般引導，你們必須打從心底表示敬意。

以上，我大致論及了兩種敬意，
其一是對於那被稱之為宇宙之根本神、
根本佛的大宇宙大靈的敬意，
另一則是對於高級靈的敬意。
換言之，信仰的根本即是，
對於優秀之人的皈依之姿、

對於智慧之人的皈依之姿、
亦可說是，
對於有著力量之人、有著光明之人、
有著睿智之人、有著慈愛之人的皈依之姿。
那是在不斷地被施予、被指導之時，
人所不可或缺的態度。

世人與那被稱之為高級靈的存在，差距甚大，
有如大象與螞蟻一般的對比之差。
若一隻螞蟻要對大象的全貌做出評價，
只能說其景象也未免太過於滑稽。
對此你們是否能夠想像？
一隻螞蟻要何以評價大象的全貌？
牠能夠理解大象是何等存在嗎？

那是個極為困難之事。
與此相同，
地上之人要評價偉大的高級靈，亦是困難之事。
那是因為，人們無法得知其全貌。
然而，當你們靜觀己心深處時，
必定會有所感觸。
不論是佛教、基督教或其他宗派，
都講述著各式各樣的教義，
但其內容，
在你們的靈魂深處，
一定有一些曾在某處學習過。
這應該是無庸置疑的。
當你們閱讀佛教、基督教的經典時，
必定曾感受過靈魂的鄉愁，

必定有能莫名心神領會之處。
過去光明的先進們，
於各種時代、地域中所遺留下來的話語，
時隔數千年，
還能讓你們理解，動盪你們的靈魂。
對於如此事實，你們會如何看待？
你們會將其視為不可思議，
還是將其視為是極其理所當然之事？

沒錯，那未必是不可思議的。
在各種地域、各種時代中講述過真理的高級靈們，
現今也同樣在實在界中，
守護、指導著你們。
現今你們正集結於這般巨大力量之下，

對於佛陀的皈依

並在此刻學習著法。

但是，我要提醒。
除了要對創造了宇宙之根本大靈抱持信仰，
以及對於離開了世間，
到了靈天上界之實在界的偉大高級靈表達敬意之外，
你們還必須對另一個存在獻上敬意。

那即是，誕生於地上的佛陀的存在。
佛陀並非是因佛陀之名而尊貴。
佛陀之所以尊貴，
是因為祂從偉大之大靈授與了
其力量、覺悟、光明、愛、慈悲。
即使你們對宇宙的根本佛抱持著皈依的態度，

即使你們對靈實在界的高級靈有著皈依的精神，
但若是對於降臨於地上的佛陀，欠缺皈依的精神的話，
那信仰即是虛假的。
那是因為，過去在於這世間傳授過偉大宗教的存在，
皆是降臨於地上的覺者、悟者、佛陀。
若不經由身處那般立場之存在，
就沒有辦法將佛的聲音、佛的思想、
佛的理想傳遞於地上。

既然如此，
大宇宙的根本佛、
實在界的高級靈、
降臨於地上的佛陀，
三位一體皆為尊貴的存在。

若沒有對這三者抱持相同的尊崇之心，
信仰則無以萌生。
即使你們為了自己的方便，
將大宇宙的根本神任意地描繪為某一偶像，
或者即使你們於心中描繪出實在界中某個特定之靈，
並加以信仰，
但如果你誹謗、違背地上之佛陀的教義，
就等於你違反了大宇宙大靈之意。
那是因為，
大宇宙大靈將那時代的所有責任，全都任命於佛陀。
那是因為，
佛陀抱持著所有的權限，降臨於地上。
決定該時代的價值觀、
決定該時代的正確之道、

決定該時代何者為善、
決定該時代何為真理之人，
那就是佛陀。
因此，無論在心中對於過去之人如何地尊敬，
無論在心中對於或許住在宇宙彼方的佛神如何地尊敬，
但若是對於降臨於地上的佛陀，
沒有抱持尊敬之心的話，
那就無法說此人是有信仰之人。
那就無法說此人是求道之人。
求道之人，必須要認清自己身處何種立場。

這般無心之人，
終將在數百年、數千年之後留下憂愁之念。
即使轉生於耶穌的時代，

仍有眾多人們不相信耶穌。
當時無法相信耶穌的人們，
經過了幾百年、幾千年之後，轉生於世間，
在基督教的教會中，
對於變成十字架之姿的耶穌抱持著信仰。
不可再愚蠢地重蹈覆轍。
當覺者尚存在於地上之時，
不可忘記對於這位覺者的信仰。
當覺者尚存在於地上之時，
不可忘記能和這位覺者生於同一時代的喜悅。
不可不畏懼那般權威。
不可不相信那般權威。
不可不服從那般權威。
否定、憎恨那般權威，

百分之百的信仰

並且試圖在自己能理解的範圍內去解釋那般權威之人，
毫無例外地會被扔進錯誤的深淵之中。
因為，那等同於否定了宇宙之佛。
因為，那等同於冒瀆了宇宙之佛。
將佛的代理人送往地上之舉，
是天上界的所有人格大靈一致的想法，
並且當那般代理人降於地上之時，
讓自己所有的言行呼應此人的想法，
即是正確的行為。
我反覆地強調，
這就是信仰的根本。

正是因為人們對於降生於地上的佛陀有著皈依之姿，
法才得以講述。

若是欠缺對於佛陀的皈依之姿，即無法講述真實的法。
在懷疑當中無法講述真實的法。
在懷疑當中擴散的是惡魔的領域。
不論在何種時代，惡魔總是潛入人們的疑心，
並使彼此的意見出現分歧。
惡魔還會讓人們對彼此講出莫名奇妙的話語，
致使情感分裂。
致使信仰分裂。
擾亂信仰之人的心境。
但是，人們啊！絕對不可迷惘。
絕對不可迷惘。
單憑自己小小的頭腦，能瞭解什麼事物？
單憑自己小小的頭腦，能理解什麼事物？
用那自認小聰明的智慧，能瞭解什麼事物？

怎麼可能用那小小的頭腦、
怎麼可能用那小小的智慧，
就能夠衡量佛陀的睿智？
你能看破將佛陀送往地上的人格大靈的意圖嗎？
你們應該嘲笑自己的渺小。
你們應該嘲笑自己的卑劣。
你們要知道自己現今沒有反駁的立場。

懷疑，這是惡魔之心。
猜疑，這也是惡魔之心。
恐懼，這也是惡魔之心。
抱持如此心境，無法說你在進行探究。
學習佛法真理之人，探究的態度很是重要。
探究的態度，並非是猜疑。
探究之心，並非是猜疑之心，亦非懷疑之心。

當興起那般心境時，
就不得不知此人已遠離修行的路上。
在那個時候，此人就無法再被稱為是修行者。
修行者們啊！
諸比丘、比丘尼啊！
如果你們心中對於信仰有所迷惘，
那就靜靜地離開人群，等待己心回歸平靜。
等待平靜之時的到來。
絕對不要說出任何批判的話語。
靜靜地讓己心平靜下來，回顧自己過去的人生。
並且，要感謝至今自己被賜予了多少光明、多少慈愛。
不可對此毫不感謝，
胡亂地猜疑、胡亂地蠱惑人心。
必須知道，

那是最靠近地獄的心境與行為。
如果某人在過去四十年侍奉著佛陀，
護持佛法，引導人們，
但在最後一年質疑佛陀之法、擾亂佛陀，
並且迷惑人心的話，
此人必定會墮入地獄。
事實就是如此嚴酷。
所謂信仰，即是百分之百的信仰，
沒有百分之九十九的信仰。
百分之九十九的信仰等同於零。
信仰要求的是百分之百，
那是因為佛陀即為一切所有。
正因為佛陀是一切所有，
若是沒有百分之百的相信，

就沒有辦法獲得一切。
即使在九十九年的人生當中，一直抱持著信仰，
但在最後一年成為錯誤的唯物論者，
此人必定會墮入地獄。
你們必須認識到，
信仰有著如此嚴酷的一面。

破壞和合僧之罪

特別是，讓踏入佛道修行之人陷入迷惑、混亂之罪，
更是深重。
此稱為破壞和合僧之罪。
如果有人混入那齊聚於佛法真理之下，
共同精進、共同信仰之人們當中，
剝奪他們的信仰，擾亂他們，使其心生疑念，
那麼此人便是犯下了破壞和合僧之罪。

此罪難以逃逸。
即使是犯下了殺人、強盜、施暴之罪，
也無法於這大罪相比。
即使是殺了人，
這也僅是讓世間之人的靈魂脫離肉體；
即使是施暴，
這也僅是讓世間之人的肉體受到創傷。
但是，如果有人去蠱惑抱持著正心，
在修行之道精進之人的話，
那即是折磨了他人之心、腐化了他人之靈魂、
迷惑了眾人之罪。
如此之罪非常深重。
如此剝奪了他人的信仰，並迷惑了他人之人，
往後將長久地待在地獄當中進行反省。

切勿做出那般劣行。

以謙虛之心追求佛道

至今，關於信仰我講述了諸多內容。
諸比丘、比丘尼啊！
在現代當中，
你們是否認為這般信仰顯得陳腐？
是否認為是跟不上時代的落伍思想？
但是，我要和你們說。
佛法真理沒有時代的問題。
佛法真理超越了時代。
佛法真理超越了時代，燦爛地閃耀著。
不論在哪個時代，
佛法真理都有著重要的精髓，
無法加以踐踏、無法加以蔑視。

你們必須知道，
在佛陀的時代中的真實道理，
在耶穌的時代也是真實道理。
並且，在現代當中亦是真實道理。
佛的思想根本是不變的。
因此，你們必須知道，
自己仍是非常渺小的存在。
你們必須知道，
自己仍是尚未成熟的存在。
你們必須知道，
自己仍必須抱持謙虛之心追求佛道。
絕對不可陷入慢心。
對於修行者而言，慢心是最可怕的敵人。
所有的修行，在遭逢慢心這個敵人時，

若是無法加以粉碎，
過往的修行都是徒勞無益，
一夜之間將全部化為泡影。
修行者啊！要對慢心感到最為戒慎恐懼。
要對慢心抱持最大的警惕。
要將慢心視為最大的敵人。
所謂慢心，即是放縱自己之心、
即是溺愛自己之心。
即是恣縱己意之心。
即是恣心所欲之心。
若盡是思考對自己方便、對自己有利之事，
惡魔便會來到你們的身旁，
偷偷地告訴你們讓自己得利的話語。
當你們開始相信其說法時，

漸漸地你們便會遠離真實之法。
你們不可抱持慢心。
你們必須對自己嚴格以待。
必須要對自身嚴格以待。
此外，必須要經常保持謙虛。
不可驕傲。
不可傲慢。
不可忘記對師者的皈依。
不可忘記對師者的尊崇。
並且，要謙虛、確實地一步一步地往前行。
這就是有著信仰的修行者之道。

即使失去性命

諸比丘、比丘尼啊！
至今，我講述了信仰的重要。

無論是在哪個時代，信仰向來非常重要。
如果你們必須在自己的性命與信仰之間做出取捨，
那就要毫不猶豫地選擇信仰。
選擇了信仰，你們不會永遠地失去生命。
你們會活在永恆的榮光當中。
但是，在地上的性命與信仰的兩個選擇之中，
選取了性命之人，
終將在離去地上之後，深陷於強烈的後悔當中。
明明自己曾以那麼堅定的意志，不斷累積修行，
卻在那般誘惑下，背棄了信仰之道，
這在離開世間後的幾百年、幾千年之間，
會於此人心中留下侮辱。
並且，此人會止不住靈魂的後悔。
那怕是在這地上被鋸子鋸斷肉體，

也不比那後悔之念來得痛苦。
你們是否知道，
在過去，偉大的佛陀降臨於地上之時，
那些捨棄了信仰、對於師者犯下罪過之人，
在離開地上之後，
深陷於何種充滿痛苦、苦澀的靈魂生活？
就像這樣，捨棄了信仰比喪失了性命，
其代價來得更高。
哪怕是丟了生命，也不可捨棄信仰。
此外，也不可因地位、名譽、金錢，喪失信仰。
也不可因對異性的情欲，喪失信仰。
在你們的人生當中，一定會有遭逢迷惑的時候。
屆時，你們必定會深思要做出何種選擇。
譬如，如果是任職於公司當中的人，

或許必須考慮自己的地位或面子。
此外，如果是有著社會名聲之人，
或許會考慮自己的名譽。
此外，你們也會考慮金錢。
或者是考慮對於妻子或丈夫的愛情。
不過，你們都必須知道，
不論是秤上的一邊放了何等事物，
都無法與信仰的重量相比。
信仰，即是與佛直接相連。
即是與佛合而為一。
必須知道，
在這地上，沒有任何事物比佛還來得重要。
無論是秤了何種事物，
無論是累積了何種地上的金銀財寶，

其重量都不比佛來得重。
信仰，即是和佛合為一體。
若是沒有了如此信仰，
就不可能建設佛國土。

若是欠缺信仰

在你們當中應該有很多人，
抱持著要建設佛國土的熱血理想。
這建設佛國土的理想，
絕非是這世間、表面上的佛國土。
這佛國土之所以是佛國土，
是因為這是佛所認可的國土、
是佛所視為理想的世界。
這即是真正佛國土的條件。
既然如此，為了創造佛所認可的國土、佛所認可的社會，該怎麼做才行呢？
答案就在信仰之中。
信仰即是其根本，這一點無庸置疑。
換言之，若是想在這日本創造佛國土，
就當然必須讓日本國民覺醒於信仰心。
此外，若是要將這佛國土拓展至日本以外的地域，
若是想要在東南亞、韓國、中國、美國、
歐洲、印度等各式各樣的國家、各式各樣的地域，
創造佛國土的話，
就必須要在那個國家，建立紮實的信仰根基。
若是欠缺了信仰，恐怕所有事物將變得貧瘠。
正是有了信仰心，接受了教育，人才有辦法形成修養。
若是沒有信仰心的基礎，
無論是如何地塞滿學識，

也無法形成真正的修養。
那些僅是虛偽的修養。
那些最多僅是科學知識，
抑或是否定佛的唯物論知識的堆積罷了。
那無法稱為真正的修養。
真正的修養，必須以信仰為基礎，方才得以養成。
並且，當有著信仰的基礎，養成了真正的修養，
有著真正的修養之人遍佈地上之時，
和平的世界即會展開。

人們啊！
這是在任何時代都完全無誤的真理。
首先，若是你們想要創造佛國土，
就必須讓那個國家、那個地域，充滿優秀之人。

所謂在那個地域的優秀人們，
首先即是有著信仰的基礎的人們。
不信佛的人，就算再怎麼增加，
那樣的國家也不會變成佛國土。
首先，你們必須要培育信佛之人、擁有正確信仰之人。
此外，對於孩子，
父母必須教導孩子要抱持信仰心。
這就是作為父母最大的義務。
這就是作為父母最大的教育。
若是生為父母，卻怠惰了如此教育，
到底還有什麼其他重要的教育？
沒有什麼比信仰教育還要來得重要。
這只能說，那完全是父母親的怠慢。
世上作父親之人！作母親之人啊！

很多人會問到底該教育孩子何等事物才好？
在此，我要強調。
沒有信仰，任何教育都是徒勞。
沒有信佛之心，任何教育都是無益。
那無法結出任何作物，
也無法結出任何果實。
那反倒是培養出對世間有害之人。
首先，若是想獲得好的作物，
那就必須要耕耘土地。
耕耘土地非常重要。
耕耘土地之後，還必須要種下好的種子。
種下了好的種子之後，還必須要經常地施肥。
並且，還必須經常地澆水。
如此一來，作物便會茁壯成長，

從家庭開始

結出沉甸甸的果實。

就像這樣，信仰首先需要的是肥沃的土壤。
所謂肥沃的土壤，即是指和諧的家庭。
夫妻一同充滿信仰心，家庭充滿和諧甚為重要。
在那充滿和諧的家庭，良善之種才得以結出果實。
換言之，孩子才能成長為優秀之人。

在養育孩子之際，
不可忘記澆水、施肥。
水是不可或缺之物，那是能生活下去的勇氣。
肥料是佛法真理的話語、智慧的話語。
要教導孩子佛法真理的話語、智慧的話語，
並且給予孩子生活下去的勇氣，
給予孩子生活下去的希望。

如此一來，孩子便會茁壯地成長，
終究將成為社會上有為之人。
就像這樣，烏托邦建設、佛國土的建設，
首先須從家庭開始做起。
這起始於家庭的佛國土建設，最為重要。
那是因為，雖說是有一億人的人口，
但若是分解為家庭的單位，
即會分解為四人、五人的家庭。
雖然要讓一億人的心，都懷有佛國土烏托邦的精神，
確實有其困難之處，
但要在四人、五人的家庭之中，
創造佛國土烏托邦卻是簡單之事。
所有事物，基本上皆是如此。
首先應從小事做起。

創造了家庭烏托邦之後，
才有可能出現社會的烏托邦、國家的烏托邦。

所以，諸比丘、比丘尼啊！
希望你們要仔細聆聽我以下的話語。
首先，你們不應疏於經營家庭。
若是疏忽了家庭，
便不可能建設佛國土，
對此要銘記己心。
即使在外從事了何等的慈善事業、
即使在外投身於何等的難民救援、
即使在外付出了何等鉅額的捐款、
即使做出了何等深厚的信仰行為，
但若是疏忽了自己的家庭，

那便不是真實的信仰。
總是先得從自己周遭開始實踐佛法真理。
首先，若非先將自己的居所、將自己的所在之地、
將自己的家庭打造成烏托邦，
就無法將全世界化為烏托邦。
對此必須要銘記。
將你們的家庭打造成烏托邦，
到底需要靠誰的力量？
其他人會來你家，把你家打造成烏托邦嗎？
你對於自己的家庭沒有半點責任，
又擾亂家庭的和諧，
然而你卻期待其他人到你家，
把你家全部都變成烏托邦嗎？
怎麼能夠容許這種事情發生？

家庭變得不和諧的原因，在於你自己。
不，在於你與全部的家人。
既然如此，創造出烏托邦，首先要從自己做起。

此外，我要提醒現代的眾多女性。
妳們忘卻了最重要的工作。
如同我所講述的，
要將這世間化為烏托邦，
首先必須創造家庭烏托邦。
這是佛所賦予的使命。
如果妳放棄創造家庭烏托邦，
即使妳活躍於社會當中，
試著將全世界化為烏托邦，
但那絕對是不會實現的。

不可忘記，

在佛的眼中，那絕非是理想樣貌。

須知，今後疏忽家庭責任之人，

不具備作為修行者的資格。

修行者，首先必須重視自己的家庭。

有妻之人，就該重視妻子、

有夫之人，就該重視丈夫、

有子之人，就該重視孩子、

有父母之人，就該重視父母。

須知，若不重視家庭的和諧，

首先，作為修行者來說，就不具備真實修行的資格。

因此，我要告訴現代的眾多女性。

若是讓自己的家庭崩壞、

若是讓自己的家庭毀壞，

即使妳再怎麼被世間認同、
即使妳再怎麼於世間成功、
即使妳再怎麼創造出金錢上的餘裕，
我要事先提醒，
那些行為皆是通往地獄之道。
事實就是如此。
佛的教義總是如此教導。
眾多女性們啊！
創造家庭的烏托邦是那麼可恥之事嗎？
讓家庭變為佛國土，是那麼卑微的工作嗎？
這工作若是妳不來做，到底是要誰來做呢？
不可蔑視這神聖的使命，
不可流於世間輕浮的潮流，
不可迷惑於世間無謂的說詞，

從心走向世界

不可以微醺的心情徘徊於大街之上。
妳絕不可疏忽了家庭。

所有烏托邦的根本，
都在於各自建設和諧的家庭。
若非如此，就無烏托邦可言。
對此，我要再次強調。
這家庭的烏托邦建設，
佔了創造世間烏托邦的工作的九成。
做好了這九成，才有辦法完成整體的烏托邦，
也就是剩下一成的工作。
剩下的那一成，
你們必須思考，
如何讓社會全體、國家全體，

變成充滿和諧、繁榮的狀態，
這即是你們接下來的課題。
但是，若是每個人各自都在自己的家庭中，
創造了烏托邦，
社會整體為何會出現問題呢？
國家整體為何會出現問題呢？
只要每一個人都綻放出充滿和諧之光，
全世界一定會變得美好。
若是在每一個家庭，都沒有任何不平不滿，
那麼，國家又會出現何等困難的問題呢？
就算是出現了問題，
那最多也只是疑神疑鬼或杞人憂天的問題罷了。
沒錯，最終國家就沒有什麼事情好做了。
烏托邦家庭的聚集，即是世間烏托邦的所有。

那樣的世界，才是應視為理想的世界。
透過他人之力、他人的介入，
才能夠建立烏托邦的如此想法，
必須要極力加以排除才行。
終究是始於小小的出發點，
你們必須要各自從心出發，
思索一條讓全世界變成烏托邦之道。
那即是在任何時代不變、不滅的久遠之法、永遠之法。
你們要將這個教義，深深銘刻於己心、永誌不忘。

後記（舊版）

在我迄今所撰寫的書籍當中，本書採取著極為特異的體裁。

首先，作為本書的型態，此書的內容是給予諸比丘、比丘尼們的訊息。也就是作為修行者的僧侶、僧尼，在現代來說，即是男性與女性的修行者。

當中，包含了極為嚴肅的內容，但是我教導各位的佛法真理之道，其實即是如此嚴肅。若是抱持著半吊子的心態，是絕對無法登頂這座佛法真理的高山。

因此，閱讀本書的方式應該有兩種。其一即是，對於已經踏入佛法真理之道的人來說，此書內容警告著人們，要如此嚴肅地看待自己的人生態度。另一則是，對於還未踏入佛法真理之門的人來說，此書成為了一本揭示今後的修行之路是如何漫長的教科書、入門書。

無論如何，閱讀了本書，就必定能理解「釋迦的本心就在此處」。

我由衷盼望，各位能反覆閱讀此書，品味這股言魂。

幸福科學集團創立者兼總裁　大川隆法

一九八九年　七月

後記（改訂新版）

弟子們啊！務必要堅強起來！

要戰勝這世間的誘惑、邪見，朝我聚集而來。

為了聆聽佛陀的金口直說，必須要抱持不退轉的覺悟。優曇花三千年僅綻放一次。並且，同一時代中約定只有一個佛陀降生於世間。

「是時候了，齊聚於再誕的佛陀的身旁吧！」這即是光明菩薩們的共通口號。

一九九四年　十月

幸福科學集團創立者兼總裁　大川隆法

HAPPY SCIENCE

幸福科學集團介紹

幸福科學透過宗教、教育、政治、出版等活動，以實現地球烏托邦為目標。

幸福科學

一九八六年立宗。信仰的對象為地球靈團至高神「愛爾康大靈」。幸福科學信徒廣布於全世界一百多個國家，為實現「拯救全人類」之尊貴使命，實踐著「愛」、「覺悟」、「建設烏托邦」之教義，奮力傳道。

愛

幸福科學所稱之「愛」是指「施愛」。這與佛教的慈悲、佈施的精神相同。信眾透過傳遞佛法真理，為了讓更多的人們能度過幸福人生，努力推動著各種傳道活動。

覺悟

所謂「覺悟」，即是知道自己是佛子。藉由學習佛法真理、精神統一、磨練己心，在獲得智慧解決煩惱的同時，以達到天使、菩薩的境界為目標，齊備能拯救更多人們的力量。

建設烏托邦

我們人類帶著於世間建設理想世界之尊貴使命，而轉生於世間。為了止惡揚善，信眾積極參與著各種弘法活動。

入會介紹

在幸福科學當中，以大川隆法總裁所述說之佛法真理為基礎，學習並實踐著「如何才能變得幸福、如何才能讓他人幸福」。

入會

想試著學習佛法真理的朋友

若是相信並想要學習大川隆法總裁的教義之人，皆可成為幸福科學的會員。入會者可領受《入會版「正心法語」》。

三皈依誓願

想要加深信仰的朋友

想要做為佛弟子加深信仰之人，可在幸福科學各地支部接受皈依佛、法、僧三寶之「三皈依誓願儀式」。三皈依誓願者可領受《佛說・正心法語》、《祈願文①》、《祈願文②》、《向愛爾康大靈的祈禱》。

幸福科學於各地支部、據點每週皆舉行各種法話學習會、佛法真理講座、經典讀書會等活動，歡迎各地朋友前來參加，亦歡迎前來心靈諮詢。

台北支部精舍
台北市松山區敦化北路 155 巷 89 號

幸福科學台灣代表處
台北市松山區敦化北路 155 巷 89 號
02-2719-9377
taiwan@happy-science.org
FB：幸福科學台灣

幸福科學馬來西亞代表處
No 22A, Block 2, Jalil Link Jalan Jalil Jaya 2, Bukit Jalil 57000, Kuala Lumpur, Malaysia
+60-3-8998-7877
malaysia@happy-science.org
FB：Happy Science Malaysia

幸福科學新加坡代表處
477 Sims Avenue, #01-01, Singapore 387549
+65-6837-0777
singapore@happy-science.org
FB：Happy Science Singapore

佛陀再誕　給緣生弟子們的訊息

仏陀再誕　縁生の弟子たちへのメッセージ

作　　者／大川隆法
翻　　譯／幸福科學經典翻譯小組
封面設計／Lee
內文設計／顏麟驊

出版發行／台灣幸福科學出版有限公司
104-029 台北市中山區中山北路三段 49 號 7 樓之 4
電話／02-2586-3390　傳真／02-2595-4250
信箱／info@irhpress.tw
法律顧問／第一法律事務所　余淑杏律師

總 經 銷／旭昇圖書有限公司
地址／235-026 新北市中和區中山路二段 352 號 2 樓
電話／02-2245-1480　傳真／02-2245-1479

幸福科學華語圈各國聯絡處／
台　　灣　taiwan@happy-science.org
地址：台北市松山區敦化北路 155 巷 89 號（台灣代表處）
電話：02-2719-9377
官網：http://www.happysciencetw.org/zh-han
香　　港　hongkong@happy-science.org
新 加 坡　singapore@happy-science.org
馬來西亞　malaysia@happy-science.org
泰　　國　bangkok@happy-science.org
澳大利亞　sydney@happy-science.org

書　　號／978-986-06528-2-6
初　　版／2022 年 1 月
定　　價／新台幣 420 元

國家圖書館出版品預行編目(CIP)資料

佛陀再誕：給緣生弟子們的訊息／大川隆法作；幸福科學經典翻譯小組翻譯. -- 初版. -- 臺北市：台灣幸福科學出版有限公司，2022.01
304 面；14.8×21公分
譯自：仏陀再誕：縁生の弟子たちへのメッセージ
ISBN 978-986-06528-2-6（精裝）

1. 佛教教理

220.1　　110008571

廣 告	回 信
台北郵局登記證	
台北廣字第5433號	
平	信

IRH Press Taiwan Co., Ltd.

台灣幸福科學出版有限公司

104-029 台北市中山區中山北路三段49號7樓之4

台灣幸福科學出版　編輯部　收

請沿此線撕下對折後寄回或傳真，謝謝您寶貴的意見！

佛陀再誕

給緣生弟子們的訊息

大川隆法

Ryuho Okawa

台灣幸福科學出版有限公司

佛陀再誕
讀者專用回函

非常感謝您購買《佛陀再誕》一書，
敬請回答下列問題，我們將不定期舉辦抽獎，
中獎者將致贈本公司出版的書籍刊物等禮物！

讀者個人資料　　※本個資僅供公司內部讀者資料建檔使用，敬請放心。

1. 姓名：　　　　　　　　　　性別：□男　□女
2. 出生年月日：西元　　　　年　　　　月　　　　日
3. 聯絡電話：
4. 電子信箱：
5. 通訊地址：□□□-□□
6. 學歷：□國小 □國中 □高中／職 □五專 □二／四技 □大學 □研究所 □其他
7. 職業：□學生 □軍 □公 □教 □工 □商 □自由業□資訊 □服務 □傳播 □出版 □金融 □其他
8. 您所購書的地點及店名：
9. 是否願意收到新書資訊：□願意　□不願意

購書資訊：

1. 您從何處得知本書的訊息：（可複選）□網路書店　□逛書局時看到新書　□雜誌介紹
   □廣告宣傳　□親友推薦　□幸福科學的其他出版品　□其他

2. 購買本書的原因：（可複選）□喜歡本書的主題　□喜歡封面及簡介　□廣告宣傳
   □親友推薦　□是作者的忠實讀者　□其他

3. 本書售價：□很貴　□合理　□便宜　□其他

4. 本書內容：□豐富　□普通　□還需加強　□其他

5. 對本書的建議及觀後感

6. 您對本公司的期望、建議…等等，都請寫下來。

IRH Press Taiwan Co., Ltd.
台灣幸福科學出版有限公司